Tricoter branché

Nicki Trench

Tricoter branché

Nicki Trench

Premières mailles… premiers modèles

PaRragon

Bath · New York · Singapore · Hong Kong · Cologne · Delhi · Melbourne

Conception : Julian Flanders
Réalisation : Emma Clegg
Graphisme : Carole McDonald
Photographies : Carole McDonald
Studio de photographie : Don Last

L'auteur tient à remercier tous ceux sans qui la rédaction de cet ouvrage aurait été bien moins amusante :
Debra Cox, Rob et Caroline Cowan, Adam Hawes, John Lockwood, Dee Maher, Maddy Perkins, Roger Perkins,
Zara Poole, Gabriela Sindelova, Vicki Wanless.
Designers : Vikki Haffenden, Jane Rota, Nicki Trench
Modèles : Angus, Camilla Perkins, Tom Sheffield, Roxy Walton
Styliste : Vikki Haffenden
Assistante styliste : Hannah Jenkinson
L'auteur remercie également : The Revolver Vodka Bar et Boogaloo, Hastings. Les Knitters from here du Here shop, Bristol.

Crédits photographiques
Corbis UK page 8, Debbie Bliss pages 10 et 11,
Getty Images page 7, Rex Features page 11,
Rowan Yarns pages 2, 10 & 11.

Sommaire

PREMIÈRE PARTIE

Le tricot d'antan...

... revient à la mode

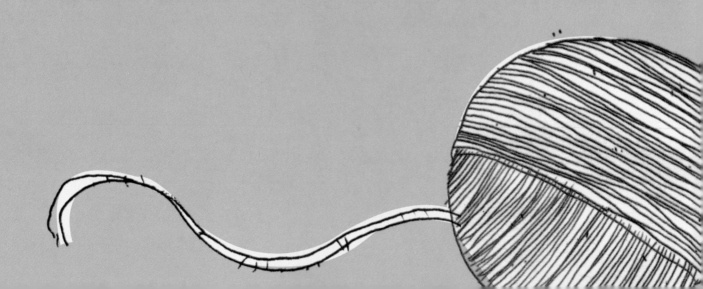

Pourquoi le tricot est-il revenu à la mode ?

La réponse est simple : aucun passe-temps aussi captivant ne pourrait disparaître à tout jamais. Le tricot est un mode de vie pour toutes les nouvelles générations qui le découvrent. Actuellement, ce sont les chaussettes tricotées qui font fureur. Le phénomène est amplifié par l'apparition sur les podiums de collections de vêtements en maille signées par des grands couturiers. Quoi qu'il en soit, on peut réaliser des modèles aussi originaux chez soi à moindre coût.

Un savoir-faire ancien

Tricoteuse un jour, tricoteuse toujours ! Y a-t-il eu une époque où on ne tricotait pas ? Certainement, mais on a retrouvé des chaussettes et autres lambeaux de vêtements en maille datant de 1200-1500 av. J.-C. en Égypte. D'autres sortes de chaussettes en maille ont également été retrouvées dans ce pays et on a pu les dater du IIIᵉ siècle. La leçon que l'on peut en retenir : lorsqu'une civilisation décline, mieux vaut garder les pieds au chaud !

Les Britanniques élevaient des moutons et filaient la laine bien avant les invasions romaines. C'est la création par les Romains d'une usine à Winchester qui permit d'améliorer la méthode des Anglais. Le tricot débarqua en Europe vers le Vᵉ siècle, lorsque les Maures d'Afrique du Nord envahirent l'Espagne.

Vers le XIIIᵉ siècle, l'Angleterre était le premier fabricant de laine en Europe. Le tricot était la principale manière de réaliser des chaussettes et des bas pour les femmes. Progressivement, d'autres vêtements plus élaborés furent réalisés en tricot : des pulls, des vestes et autres pièces d'habillement. Certes, tout dépend de la définition qu'on donne au mot « élaboré » ! Mais qui n'a jamais retourné une chaussette et constaté la complexité de la formation du talon ?

L'image de la femme tricotant pendant que le couperet de la guillotine tombe date de la Révolution, mais elle est plus souvent associée au roman Un Conte de deux villes *de Charles Dickens qu'à un véritable fait historique.*

Tricoter n'a pas toujours été considéré comme occupation de femmes. Certains historiens pensent même que la méthode a été inventée par des hommes, sans doute des pêcheurs qui cherchaient à réaliser des filets. Quoi qu'il en soit, le tricot reste associé à la pêche, puisque certains marins portent toujours des gros pulls en maille si dense qu'ils font presque office de coupe-vent imperméables. D'ailleurs, chaque communauté avait ses propres motifs pour se distinguer de ses voisines. Dans les landes françaises, les paysans du Moyen-âge gardaient d'immenses troupeaux de moutons. Ils se déplaçaient sur des échasses pour avancer plus rapidement et voir plus loin. Ils avaient l'habitude de tricoter en marchant, conservant la laine dans une grosse ceinture. Généralement végétariens, ils utilisaient les moutons comme engrais naturel plutôt que comme garde-manger. Ils ne tuaient donc pas leurs bêtes mais les tondaient pour se fabriquer des guêtres et des vestes en laine bouillie.

Des femmes participant à l'effort de guerre en tricotant des chaussettes en laine recyclée vers 1940.

Les aiguilles de la victoire

Les femmes du XXe siècle étaient encouragées à tricoter pour les troupes qui allaient au front pendant les deux guerres mondiales, notamment au cours de la Première Guerre mondiale quand les hommes manquaient cruellement de chaussettes, de maillots de corps et de linge de toilette. Au cours de ce conflit mondial, les images de soldats grelottant de froid dans leurs tranchées étaient bien présentes à l'esprit de toutes les femmes du monde, qui tricotaient de plus belle.

Pendant la Deuxième Guerre mondiale, des millions de pièces tricotées furent produites. Des affiches de la Croix- Rouge incitaient les femmes à tricoter pour les soldats. À cette époque, le tricot avait une place prépondérante dans les magazines.

La révolution de la mode

Dans les années 1950 et 1960, les couleurs firent leur apparition. Après les années lugubres de la guerre, la mode fut caractérisée par une explosion de couleurs et de motifs. Le tricot reflétait alors amplement cette tendance. Les filles apprenaient à tricoter à l'école, une discipline considérée nécessaire et utile.

Le fameux « twin-set », composé d'un chandail et d'une veste assortis, devint à la mode. Il réapparut au cours de la décennie suivante et fera inévitablement un autre retour un de ces jours.

Tricoter, c'est désuet ?

Certes, au cours des années 1970 et 1980, l'avenir du tricot était morose. Les filles ne voulaient plus ressembler à leurs grands-mères et délaissaient le tricot au profit du rock glamour. De plus, l'apparition de vêtements en maille prêt-à-porter bon marché transforma cette activité en un passe-temps de luxe. Pourquoi tricoter un pull alors qu'ils sont si bon marché dans le commerce ? C'était le début de l'ère de la commodité, avec des équivalents culturels tels que le placoplâtre, les poissons panés et la purée en flocons.

L'attrait des vêtements peu onéreux faits en fibres artificielles et la machine à laver étaient irrésistibles.

Pendant les années 1940 et 1950, la maille était de bon ton et à la mode…

Tricoter branché

La laine fut alors progressivement remplacée par des fils acryliques. Les magasins spécialisés vendaient principalement des fibres artificielles, dénigrant les pelotes de fils naturels au profit des pelotes synthétiques aux coloris éclatants et aux fils fantaisie. Au lieu d'être appréciée pour sa beauté, la laine évoquait désormais des pulls lourds qui grattent. Avec la démocratisation des machines à laver, qui allait s'embêter avec une matière qui rétrécissait et qui se froissait facilement ?

L'industrie du loisir créatif connut un net recul alors que les femmes s'attachaient à l'égalité des sexes dans la vie active. C'était l'époque de plein essor du capitalisme, des coiffures volumineuses et des épaulettes très larges. Tricoter n'était plus quelque chose à faire : c'était devenu le symbole de la femme au foyer et de la passivité. Suivre la mode prenait de l'importance.

À l'école, on n'enseignait plus le tricotage. D'ailleurs, le ticot était cantonné aux « hippies » avant que ce style devienne à son tour à la mode. Les tricoteuses étaient considérées comme étant écologiques, ternes et sans intérêt. Aucune personne possédant un carnet d'adresse bien rempli ne voulait être surprise avec des aiguilles ou un crochet à la main.

Mais dans les années 1960 et 1970, le tricot devient désuet et de mauvais goût.

… même à Hollywood.

Le retour du tricot

Le tricot amorce un retour. Il ne véhicule plus une image en contradiction avec l'épanouissement de la femme. Celles-ci comprennent qu'elles peuvent jongler avec leurs différentes facettes : elles peuvent ainsi être à la fois mères et tricoteuses, avoir une carrière et sortir en boîte le samedi soir. L'industrie de la maille a vite compris ce nouvel état d'esprit. Dans une volonté de moderniser leur image, certaines sociétés telles que Vogue ou Phildar produisent des livres regroupant des modèles au tricot plutôt que des feuillets à collectionner et la qualité des photos des modèles montre que la maille est à nouveau à la mode, bien loin des clichés d'hommes en passe-montagne et d'enfants avec des maillots de bain qui grattent. Évidemment, on peut toujours acheter un vêtement tricoté de haute qualité dans le commerce, mais rien ne vaut de s'ouvrir à une nouvelle passion.

Associés à des modèles tendance, les fils retrouvent une seconde jeunesse. Les anciennes pelotes en acrylique qui produisaient de l'électricité statique cèdent du terrain devant les fils qui allient laine naturelle de haute qualité et fibres artificielles en petite quantité. Ces nouvelles compositions permettent de profiter des avantages de la laine et du progrès technologique. Résultat : des fils faciles d'entretien qui inspirent toute une nouvelle génération de tricoteuses.

Le culte de l'accessoire

Les chaînes de télé proposent de nombreuses émissions de décoration dans lesquelles le tricot est décliné en accessoires pour la maison. Au lieu de se limiter à des pulls ou des gilets compliqués, on peut désormais faire preuve de créativité et de talent en tricotant des housses de coussins et des plaids. On ne se contente plus de tricoter : on apprécie un véritable art de vivre !

Les fabricants de fils ont voulu encourager les tricoteuses en produisant des fils spéciaux. Comment résister aux somptueux mélanges en laine mérinos, cachemire et alpaca ? Les coloris ont également été mis au goût du jour avec des palettes de couleurs qui s'associent aux intérieurs modernes. Toutes les idées reçues sur les avantages des fibres naturelles semblent s'être évanouies. On préfère aujourd'hui tricoter d'autres matières que la laine vierge. Ainsi, il existe des fils chenille, des fils effilochés, des fils texturés teints à la main, des fils super épais qui se tricotent avec des aiguilles géantes pour un résultat ultra rapide. Si le temps s'annonce maussade demain, vous pourrez tricoter plusieurs bonnets épais dans la soirée.

Le tricot du XXIᵉ siècle

Le tricot est partout : il suffit de feuilleter les pages mode d'un magazine pour apercevoir des écharpes artisanales, des pulls et des jupes en maille fabriqués dans des nouvelles matières.

Aujourd'hui, on tricote pour créer. On recherche l'originalité. On est bien loin de l'image des grands-mères tricotant pour leurs petits-enfants. Il ne faut pourtant pas

dénigrer ces tricoteuses de la première heure car ce sont elles nous ont transmis cet art.

Des stars et des aiguilles – l'autre yoga

On trouve souvent dans la presse locale et nationale des articles parlant de tricotage. Cette activité semble éveiller la curiosité des médias, notamment lorsque des célébrités sortent leurs aiguilles.

Le tricot est désormais considéré comme une nouvelle forme de yoga puisque toute sorte de personnes d'horizons aussi divers que variés s'y mettent. Geri Halliwell, Julia Roberts, Catherine Zeta-Jones, Kate Moss, Sarah Jessica Parker, Daryl Hannah, Uma Thurman, Julianne Moore, Courtney Cox-Arquette et Madona tricotent devant ou derrière la caméra.

C'est visiblement un passe-temps idéal entre les prises de vue et la passion de ces stars influence les tricoteuses du monde entier.

Un bienfait psychologique

Comme on peut s'en douter, tricoter est une façon d'échapper à ce monde brutal. C'est une activité qui détend, tout comme danser au son d'un tambour. Le toucher doux du fil est un réconfort pour les doigts après des heures passées à pianoter sur un clavier d'ordinateur. Le pouvoir apaisant du tricot vient de la répétition des gestes. En tricotant, le rythme

respiratoire décélère pour arriver à une sorte d'état de méditation.

L'effet que le tricotage a sur l'esprit est identique à celui d'un jogging ou de la récitation d'un chapelet. L'esprit se libère, comme avant le sommeil, tout en restant en éveil, autrement dit, un état suggestif.

Si vous écoutez des cassettes d'apprentissage d'une langue en tricotant, vous serez surprise de vos progrès. Vous pouvez également essayer d'écouter de la musique classique : Bach, Vivaldi, Corelli et Pachelbel ont beaucoup de succès dans le monde du baroque'n'roll. Avec Bach, c'est un aller direct au nirvana.

Tricot and the City : Sarah Jessica Parker et Kristin Davis bavardant, souriantes, aiguilles à la main, sur le plateau en hiver 2001.

Tricoter a un côté zen : on s'aperçoit que la sérénité se trouve dans l'activité elle-même. Lors d'une soirée de tricotage, alors que les rangs s'accumulaient, j'ai entamé la conversation avec la femme assise à mes côtés. Nous étions si absorbées par ce que nous faisions avec nos mains que nous ne nous sommes même pas regardées, ce qui est pourtant essentiel lorsqu'on communique. Mais pas dans ce cas. Nous avons discuté de sujets intéressants et échangé nos points de vue. C'était très agréable, mais très étonnant, rétrospectivement !

Les accros du tricot

Les tricoteuses pures et dures ont à cœur de défendre le tricot. Elles considèrent que leur passe-temps doit être pris au sérieux et elles se réunissent en cercles de tricot. Les membres de ces cercles œuvrent pour la promotion de leur art et encouragent les gens à prendre leurs aiguilles où qu'ils soient – dans les bars, dans les boîtes de nuit ou dans le métro.

Les cercles de tricot ont pour vocation d'organiser des soirées et sont à l'origine de nombreux concepts pour le moins farfelus. À Londres, par exemple, des réunions se déroulent jusque dans le métro ! Depuis la station de leur choix, les tricoteuses rejoignent le wagon dédié à la soirée et font ainsi plusieurs allers et retours sur la ligne avant de rentrer chez elles. À Londres, toujours, une soirée mémorable fut organisée au Victoria and Albert Museum. Pas moins de quatre mille personnes répondirent présent au rendez-vous et vinrent tricoter en musique sur la piste de danse – DJ, bière et aiguilles offertes à l'entrée étaient de mise… Le plus étonnant était de constater la présence massive d'hommes venus grossir les « rangs » ! Voilà qui est bien loin de ce que nos grands-mères pouvaient connaître du tricot !

En s'inspirant du livre *Stich 'n Bitch* de Debbie Stoller, des cercles se sont formés un peu partout dans le monde. Les membres se réunissent dans des cafés ou des salles polyvalentes pour travailler à des projets, s'entraider et discuter.

D'après le Conseil américain des travaux d'aiguilles, le nombre de tricoteuses âgées de moins de trente-cinq ans a augmenté de 400 % entre 1998 et 2000. Il semblerait que les cercles de tricot aux États-Unis prennent exemple sur les cercles littéraires par leur côté ludique, sympathique et communautaire. On ne compte plus le nombre d'histoires d'amitié, voire d'amour, qui sont nées autour de quelques brins de laine ! Inutile de préciser que certains des hommes qui font partie de ces cercles sont plus intéressés par la gent féminine que par leurs aiguilles. Toutefois, la mixité est toujours recherchée et revendiquée.

Internet a visiblement une grande influence sur l'augmentation du nombre de tricoteuses du XXIᵉ siècle. L'achat de fournitures pour tricot a progressé avec l'apparition de sites marchands proposant la vente de fils et de modèles en ligne. Les forums de discussion permettent aux adeptes de discuter et d'intégrer une communauté.

Aujourd'hui, tricoter est devenu une activité branchée : un nombre croissant de personnes découvrent que le cliquetis des aiguilles et l'impression réconfortante du fil qui glisse entre les doigts atténuent le stress du quotidien.

Tricot extrême

Le tricot devient vite une véritable obsession. Impossible de le lâcher. La preuve en image !

Les cercles de tricot

On dit que rester chez soit est la nouvelle façon de sortir. On s'entoure d'amies pour partager une activité agréable. Si boire quelques verres de trop peut faire « perdre la maille », tricoter sous influence n'est pas un délit !

Pourquoi les cercles de tricot

Les cercles de tricoteuses sont apparus lorsque les femmes ont commencé à tricoter pour gagner quelques sous. Elles se regroupaient chez l'une d'elles pour économiser les chandelles et le chauffage, et sans aucun doute, pour bavarder. C'est toujours agréable de fréquenter des personnes qui partagent le même état d'esprit. Les hommes regardent bien le foot ensemble et parlent de sport, alors que les femmes tricotent et parlent de la vie en général, de l'univers et de toute sorte de sujets. Si vous aviez le choix entre passer une soirée dans un cercle littéraire ou un cercle de tricot, que choisiriez-vous ? Certes, une soirée littérature est plus intellectuelle, mais peu productive. Vous pourrez même constater que certains livres excellents sont ignorés par les membres en faveur de romans plus divertissants qui ne parviendront jamais à gagner un prix littéraire.

Tricoter est productif et économique, mais surtout thérapeutique. Alors que la société en général devient de plus en plus impersonnelle, passer la soirée avec un groupe dont les membres se soutiennent mutuellement et s'amusent coûte nettement moins cher que d'autres activités. Une fois que vous aurez commencé à tricoter, vous vous apercevrez que vous communiquez facilement avec les autres membres du cercle, et vous leur ferez parfois des confidences. Tricoter est aussi un excellent moyen d'arrêter de fumer : vos mains sont occupées et si vous allumez une cigarette, vous pourriez mettre le feu à votre laine. C'est également moins onéreux qu'une psychothérapie. Qui aime s'allonger sur un divan sans rien faire ?

Les femmes actives se trouvent projetées dans un univers masculin. Tricoter est un moyen de casser la routine et de faire une activité de filles, bref, une bonne occasion de se détendre quand on veut être une super-woman. Le tricot a tendance à plaire aux personnes créatives et aux femmes qui n'ont pas peur d'assumer leur côté féminin. Les groupes de tricot sont organisés dans des lieux publics mais également à domicile. Il arrive même que des projections spéciales pour les membres de cercles de tricot aient lieu dans des cinémas. Ce genre de cercles fait des émules partout en Europe et en Amérique. Certaines femmes optent pour le féminisme, l'ascension sociale et l'égalité des sexes ; d'autres adoptent les loisirs créatifs.

La plupart des tricoteuses aiment se réunir simplement pour se détendre, boire un café ou un verre de vin accompagné d'un petit gâteau. Il arrive que quelques hommes s'inscrivent à ces cercles de tricot. Les membres ont généralement entre vingt et quarante ans, mais les cadettes et les aînées sont également bien accueillies.

Tricoter, c'est communiquer et avoir un état d'esprit positif et productif.

Tricoter et séduire

Voici quelques règles élémentaires pour qu'une maille se transforme en bague de fiançailles.

RÈGLE 1

Ne tricotez pas un pull à votre petit ami avant que votre relation soit bien établie (dix ans environ).

Selon la superstition populaire, si on tricote un pull à son petit ami, on se retrouve célibataire en une semaine. De nombreux ouvrages entamés qui finissent dans une malle au grenier peuvent être attribués à des histoires d'amour qui ont tourné court. Si vous commencez à lui tricoter un pull, ce sera sans doute lorsque vous arriverez à l'encolure qu'il vous larguera pour une autre.

RÈGLE 2

Ne portez pas de vêtements qui grattent à votre premier rendez-vous.

Choisissez à la place un vêtement soyeux au toucher satiné. Mettez quelque chose en cachemire ou en soie – le mohair ou les fils effilochés pourraient le faire éternuer et il pensera qu'il développe une allergie envers vous.

RÈGLE 3

Évitez d'emporter votre ouvrage dès les premiers rendez-vous.

Même s'il est très difficile de lâcher ses aiguilles, mieux vaut laisser le tricot à la maison. Les hommes aiment recevoir toute notre attention.

RÈGLE 4

Emportez votre ouvrage au premier rendez-vous.

Cette règle s'applique uniquement en cas de speed-dating. Si votre cavalier est rasoir, autant caser quelques rangs en attendant le suivant. Si la conversation stagne, vous pourrez toujours parler de ce que vous tricotez.

RÈGLE 5

Ne laissez pas vos rendez-vous galants interférer avec votre tricotage.

Mettez-le dans votre poche en lui proposant une soirée télé devant un match de foot. Il sera épaté et pensera être tombé sur le bon numéro : une fille qui aime le foot ! Lovez-vous contre lui et sortez votre ouvrage pendant qu'il soutient avec enthousiasme son équipe préférée. Bingo, vous voilà tous les deux heureux.

RÈGLE 6

Investissez dans un téléphone mains libres.

Ainsi, vous pourrez continuer à tricoter quand il vous appelle. Fini le petit jeu habituel du « tu raccroches ou je raccroche ? »

RÈGLE 7

Rangez soigneusement vos aiguilles avant de faire des câlins sur le canapé.

Au moment de faire des galipettes sur le canapé, il ne faudrait pas que vos aiguilles le piquent.

« *Pour vous maintenir en perpétuelle amitié, tricotez indissolublement les liens du cœur.* »

William Shakespeare, Antoine et Cléopâtre

Que fait-on dans un cercle de tricot ?

On tricote, on papote et heu… C'est à peu près tout.
Communiquer est un don naturel chez la femme. On soutient
nos amies, on partage nos connaissances, on s'entraide.
Les autres tricoteuses du groupe nous rassurent et nous
soutiennent sans qu'il y ait un esprit de compétition.
On discute du quotidien, de problèmes, de la santé,
de la famille et du travail. On glousse et on rit beaucoup.
Parfois, on reste silencieuses à écouter le bruit des aiguilles.
Les pauses en silence sont respectées car l'une des tricoteuses
pourrait être en train de compter ses mailles.

Organiser un groupe de tricot

À la base, il faut un ouvrage et quelques boissons
non-alcoolisées ou alcoolisées pour celles qui tricotent
des choses simples et qui n'ont pas besoin de se concentrer
fortement. Après avoir annoncé que vous organisez
un cercle de tricot, vous serez surprise du nombre
de personnes qui ont un ouvrage entamé au fin fond
d'un placard. Elles en parleront d'une façon gênée
au début, mais très vite elles détailleront avec passion
la matière et la couleur du fil. Elles évoqueront
les sensations des aiguilles qui glissent entre les doigts
et elles vous supplieront rapidement de les accepter
au sein de votre groupe.

Le lundi soir est le meilleure jour qui soit. On a rarement
d'autres choses prévues et on peut s'informer des derniers
ragots du week-end dans une ambiance détendue.
Quant à l'horaire, de 19 h 30 à 22 h 00 semble l'idéal :
tout le monde sera rentré à une heure raisonnable.
Vous pouvez alterner les lieux des rendez-vous chez
les unes et les autres ou trouver un endroit sympathique
comme un café. Au quel cas, choisissez soigneusement
le bar en question : un patron compréhensif, quelques
verres consommés en début de soirée et le tour est joué.
Il faut aussi des banquettes confortables et un sol propre
si vos pelotes tombent de votre sac.

Tricoter en public agit comme un véritable aimant :
les gens viennent demander ce que vous tricotez et entament
la conversation facilement.

Un groupe de tricot à Bristol.

DEUXIÈME PARTIE

Le matériel...

... mode d'emploi

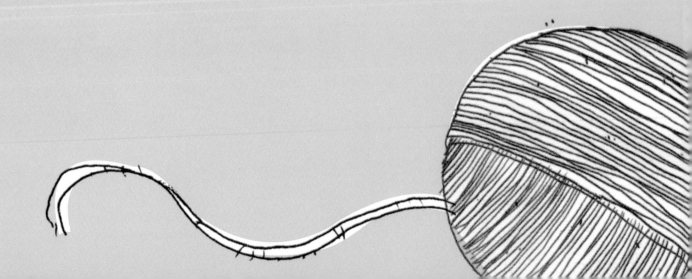

Le fil

Les nouveaux fils à tricoter ont motivé
le retour à cette activité créative.
Certains fils sont si jolis que l'on serait
tenté d'en décorer son canapé plutôt
que de les tricoter !

Le choix ne manque pas en matière de fils à tricoter : ils sont disponibles en tant de coloris et textures qu'il est difficile de savoir par où commencer. Si vous avez l'intention de suivre un modèle, celui-ci dictera le choix du fil et des autres fournitures. Autrement, vous pouvez choisir un fil et décider ensuite ce que vous allez en faire.

OÙ ACHETER DU FIL À TRICOTER
Les grands magasins
On est à peu près sûr de trouver des pelotes de fil dans les grands magasins, mais le choix peut être limité.

Les boutiques spécialisées
Les vendeurs de laine ont progressivement disparu, sans doute à cause du choix limité qu'ils proposaient. Toutefois, de nouveaux commerces font leur apparition et proposent toutes sortes de fils adaptés aux goûts du jour.

La vente par Internet
Internet peut constituer un bon point de départ car les sites marchands ont réagi rapidement à la demande croissante de fils fantaisie. On peut faire son choix confortablement installé à la maison et recevoir sa commande directement à domicile. Quel plaisir d'ouvrir un colis rempli de fournitures pour tricot. Des nombreux sites prodiguent également des conseils, à l'image des anciens commerçants.

Les ventes de charité
Chinez dans les ventes de charité ou les vide-greniers : vous trouverez forcément des pelotes de fil, entamées ou neuves. Certes, vous n'aurez pas la garantie de retrouver exactement le même fil si vous n'en avez pas assez pour terminer votre ouvrage et tricoter un échantillon au préalable est indispensable si les pelotes n'ont plus leur bande.

eBay
Beaucoup de personnes vendent des fils à tricoter aux enchères. Vous n'obtiendrez pas forcément les quantités désirées, mais vous pourrez vous fournir en pelotes à des prix défiant toute concurrence.

LES TYPES DE FILS
Voici une liste des types de fils qui vous permettra de démêler le jargon des tricoteuses.

La laine
La laine provient des moutons et diffère selon les races. Certaines sont nettement plus douces que d'autres. Dernièrement, c'est la laine des moutons espagnols mérinos qui a la cote : elle est fine, douce et de nombreux fabricants en proposent dans leur catalogue. Les moutons Shetland et Debouillet produisent également de la laine fine très douce. Les North Ronaldsay, une race de moutons écossais qui vivent à l'état sauvage sur l'île d'Orkney et qui se nourrissent d'algues, ont une toison d'une douceur incroyable. Il est difficile de se procurer de la laine de ces moutons car le trajet jusqu'à l'île peut prendre plusieurs jours en fonction de la météo. Parmi les laines moyennes, on compte celles des moutons du Dorset, du Suffolk, du Shropshire et Navajo-Churro.

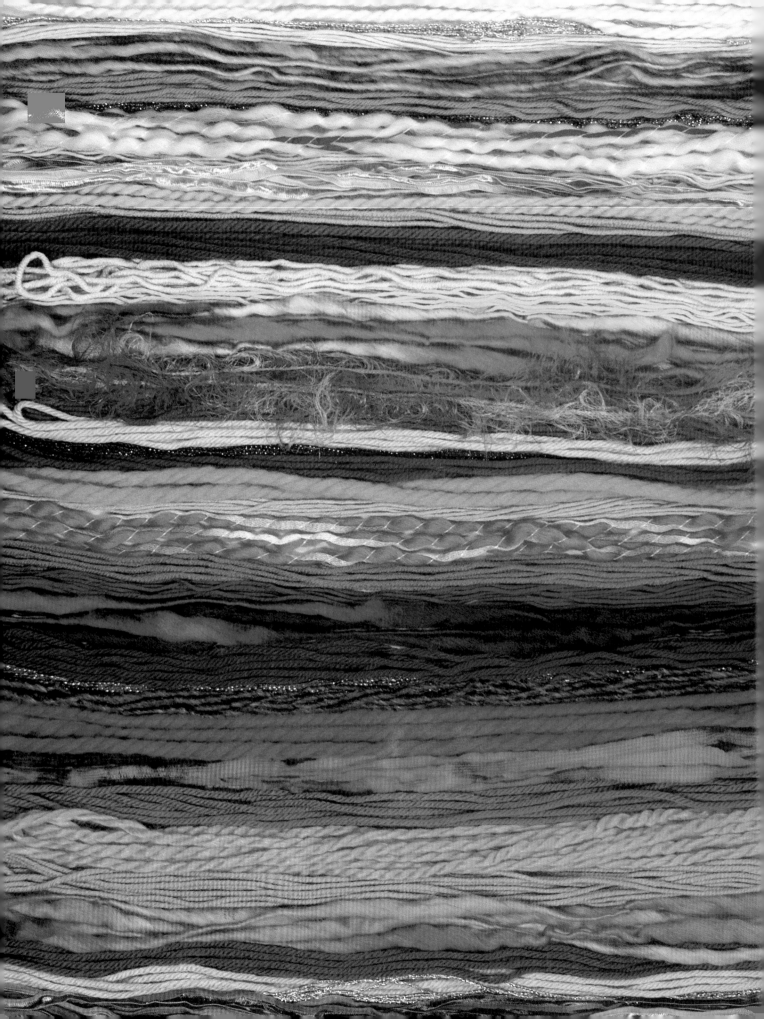

Les fils plus longs sont produits par les races Lincoln, Cotswold, Teeswater et Shetland ; les plus épais proviennent des moutons Swaledale, Black Welsh Mountain et Cheviot. Certaines laines produites en Islande et en Amérique du Sud peuvent être grossières et comporter des bouts de paille emmêlés dedans. Elles ne sont pas agréables à porter à même la peau, mais elles conviennent parfaitement pour tricoter de gros gilets ou des bonnets tibétains, par exemple.

La soie

La soie est un fil qui coûte cher, mais vous pouvez toujours essayer. Ces fils produisent un résultat léger et luxueux, idéal pour des petits hauts d'été ou des châles. La soie peut se déformer, mais elle est très agréable au toucher. Tricoter avec du fil de soie vous donnera un certain cachet.

Le coton

Les fils en coton sont légers et absorbants. Ils ne sont pas aussi élastiques que la laine, mais les mélanges laine/coton sont très agréables à tricoter. La légèreté du coton rend ces fils idéaux pour les vêtements d'été.

Les autres fibres naturelles

D'autres fils sont produits à partir d'animaux autres que les moutons. Ainsi, il existe le mohair qui provient de chèvres, l'alpaga, l'angora de chèvres ou de lapins et le cachemire venant de la toison de chèvres. Tous ces fils deviennent extrêmement populaires car ils sont très chauds et confortables. On retrouve souvent ces fils mélangés à de la laine ou de la soie.

L'acrylique

Ces fils se nettoient facilement et sont bon marché. Ils ne sont pas aussi chauds que les fibres naturelles, et les coloris peuvent être un peu ternes. C'est principalement à cause de cette matière que le tricot est passé de mode dans les années 1970 et 1980. Ne m'en veuillez pas, mais c'est loin d'être mon fil préféré ! Certains mélanges avec de la laine peuvent toutefois donner de jolis résultats.

Le fil ruban

Généralement en fibres artificielles, notamment en polyester, ces fils sont déclinés en une grande variété de couleurs et de textures. Ils se tricotent facilement et rapidement. Pour un vêtement, essayez de choisir un fil légèrement élastique.

Le fil fourrure

Ces fils fins et vaporeux sont souvent en polyester. Ils sont très doux et ils ne grattent pas malgré leur apparence poilue. Je ne vous recommande pas de tricoter un pull entier avec ces fils à moins de vouloir ressembler à un yeti. En revanche, ils sont super pour les bas de manches, les cols et les accessoires, comme l'écharpe présentée page 76. Le fil fourrure est décliné en une vaste gamme de coloris incroyables.

LES BRINS

Les fils à tricoter sont composés de brins qui définissent leur épaisseur et leur utilisation.

Trois ou quatre brins

Les fils à 3 ou 4 brins sont utilisés pour tricoter des vêtements légers, comme des petits hauts pour l'été ou de la layette.

Laine sport

Ces fils sont généralement fins et s'utilisent pour tricoter des vêtements légers ou de la layette.

Laine peignée

Environ deux fois plus épaisse que la laine sport, c'est le fil le plus courant. Elle est idéale pour les débutantes.

Laine épaisse

Deux fois plus épaisse que la laine peignée, elle est idéale pour réaliser des pulls, des bonnets, des écharpes et des gants.

Laine mèche ou super gonflante

Cette laine est à la mode. C'est grâce à elle que le tricot a connu un renouveau. Elle se tricote très rapidement avec des aiguilles n° 9 ou 10 : en une soirée, vous aurez fini une écharpe ! Cette laine est idéale pour les tricoteuses pressées ou affairées.

Les écheveaux et pelotes

Les fils sont vendus en écheveaux ou en pelotes. Les poids courants sont 25 g, 50 g ou 100 g, mais la longueur totale dépend de l'épaisseur du fil. Le poids et la longueur doivent être indiqués sur l'étiquette.

La plupart des fils vendus en magasins sont présentés en pelotes, mais parfois en écheveaux. Autrefois, ils étaient toujours vendus ainsi. Je me souviens d'avoir eu mal aux bras pour avoir tenu un écheveau pendant que ma grand-mère enroulait le fil en balle. Au cas où vous achèteriez votre fil en écheveaux, trouvez quelqu'un qui le tiendra pendant qu vous enroulez le fil (la meilleure option) ou rapprochez deux chaises pour tenir l'écheveau (si vous n'avez pas de partenaire). Je constate que les gens aiment bien tenir les écheveaux pendant que je les enroule. C'est à ce moment qu'on apprécie d'avoir un ami pêcheur un peu fanfaron (« Il était grand *comme* ça ! »).

Décrypter une étiquette

Des nombreuses informations d'une grande utilité sont inscrites sur les bandes des pelotes, mais elles sont généralement si petites qu'il faut une loupe pour les lire. Vous découvrirez ainsi le nom du fabricant, le nom du fil et sa qualité. La composition est également détaillée, ainsi que le poids de la pelote et la longueur du fil. Vous verrez un schéma indiquant la taille de l'échantillon, les instructions de lavage et de repassage et la taille des aiguilles à tricoter recommandée. La bande indique aussi le numéro de la teinte et du bain.

Ne jetez pas la bande de la pelote avant de l'avoir entièrement terminée. Si vous tombez en panne de fil au milieu d'un modèle, vous devrez retrouver une pelote provenant du même bain. Les fils sont teints en lots, alors les teintes peuvent légèrement varier d'une pelote à l'autre. Il est donc préférable de retrouver une pelote du même bain pour finir un modèle.

Équipement

Voici une liste du matériel ou des accessoires indispensables à toutes les tricoteuses.

LES AIGUILLES

Les aiguilles sont tout simplement indispensables. Comment tricoter sans elles ? Les aiguilles ont évolué depuis l'ère de nos arrière-grands-mères : les pointes sont devenues plus pointues et le bambou, plus lisse.

J'ai connu des personnes qui utilisaient des aiguilles à tricoter pour toutes sortes d'occasions : piquer un gâteau pour voir s'il est cuit, se gratter le dos ou sous un plâtre, le mini-lancé de javelot (assurément la prochaine discipline olympique), jouer au chef d'orchestre, à la batterie, se curer les dents… Ma mère a même une cicatrice provenant

d'un planté d'aiguille énergique lors d'une partie de bingo agitée. Inutile de préciser qu'elle l'exhibe fièrement.

La mesure des aiguilles

Pour compliquer un peu les choses, il existe trois mesures différentes : une anglaise, une américaine et une métrique. Celle qui vous intéressera le plus sera sans doute la dernière, à moins d'avoir hérité d'aiguilles étrangères.

La taille des aiguilles

Les aiguilles grises les plus fines sont souvent en aluminium. Plus elles deviennent épaisses, plus il y a de chances pour qu'elles soient en plastique. La taille des aiguilles ou leur diamètre est un aspect essentiel. Les grosses aiguilles sont traditionnellement utilisées pour tricoter des fils épais et les aiguilles fines, des fils fins. Tous les modèles et bandes de pelotes indiquent normalement une taille d'aiguilles recommandée pour le fil et le modèle. Quoi qu'il en soit, tout dépend de l'élasticité que vous désirez obtenir : ainsi, vous pourrez tricoter avec des aiguilles plus grosses ou plus fines que le numéro indiqué.

Les aiguilles en bambou ont de plus en plus la cote. Elles sont agréables à manipuler et sont naturelles. Investissez dans une paire de bonne qualité car les modèles bon marché ont tendance à accrocher le fil ou à se fendre.

Il est courant de tomber sur des aiguilles à tricoter dans les vide-greniers. Vérifiez leur taille avec un tableau de conversion ou une jauge à aiguilles. J'ai repéré des aiguilles en écaille de tortue en vente sur eBay et j'ai déjà vu des aiguilles en verre dans les brocantes. Gardez donc l'œil ouvert pour vous équiper à petit prix. N'oubliez pas que les aiguilles les plus pointues sont les plus faciles à manipuler.

Les aiguilles circulaires

Une aiguille circulaire possède deux pointes rigides, généralement plus courtes que des aiguilles traditionnelles, reliées par un fil en plastique de longueur variable. Ces aiguilles servent à tricoter en rond, notamment pour les bonnets et les chaussettes. De nombreuses personnes les utilisent pour tricoter des pièces plates car elles sont particulièrement adaptées pour les ouvrages qui comptent beaucoup de mailles comme des plaids. Les aiguilles circulaires sont également appréciées pour transporter facilement son ouvrage sans risquer de perdre des mailles en cours de route.

Les aiguilles double pointe

Comme leur nom l'indique, ces aiguilles possèdent deux pointes. Elles sont généralement plus courtes que les aiguilles standard et sont vendues en lot de 4 ou 5. On les utilise notamment pour tricoter des chaussettes. Les utiliser n'est pas sorcier. Il suffit de tricoter jusqu'à la pointe de l'aiguille suivante. Au fur et à mesure que vous avancez dans le rang, les aiguilles sont poussées et le changement d'aiguille devient instinctif.

Les aiguilles auxiliaires

Ces aiguilles servent à conserver les mailles en attente pendant qu'on tricote des torsades. Certaines ont parfois un décroché au centre pour maintenir les mailles dans des torsades complexes.

LE MÈTRE DE COUTURIÈRE

Utilisez de préférence un mètre souple plutôt qu'une règle rigide. Autrefois, tous les catalogues de modèles avaient une règle dessinée à l'intérieur de la couverture, mais puisque la plupart des modèles sont aujourd'hui présentés dans des livres ou des magazines, vous devrez posséder le vôtre.

LES CISEAUX

Ce qu'on entend le plus souvent dans un cercle de tricot après : « Il n'y a plus de vin ? », c'est : « Mais où sont les ciseaux ? ». Mieux vaut avoir sa propre paire de ciseaux attachée à votre sac à ouvrage. Ainsi, vous ne les perdrez pas et personne ne vous les chipera. Des ciseaux de taille moyenne qui coupent bien feront parfaitement l'affaire.

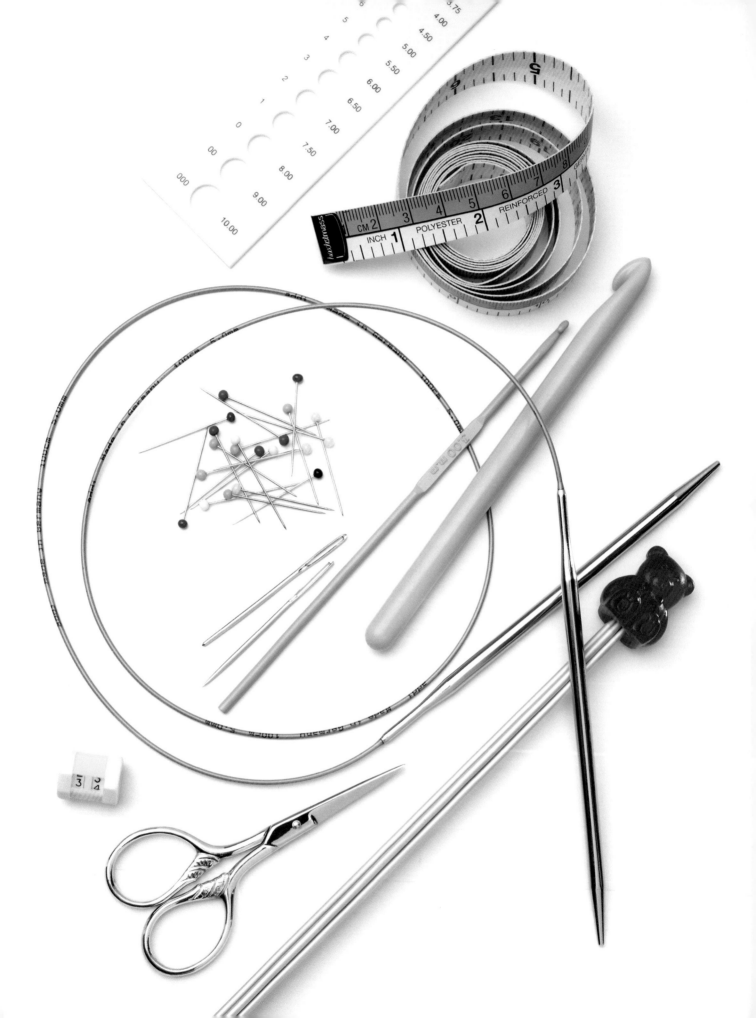

L'ARRÊTE-MAILLES

Les arrête-mailles ressemblent à de grosses épingles à nourrice. Ils sont parfaits pour conserver des mailles en attente. Vous pouvez toujours utiliser des épingles à nourrice, mais tout dépend du nombre de mailles que vous mettez en attente.

L'AIGUILLE À LAINE

Investissez dans une bonne aiguille à laine avec un chas assez grand pour y passer le fil que vous utilisez.

LES ÉPINGLES

Les épingles à grosse tête colorée servent à mettre en forme et vérifier les dimensions de l'échantillon. Les épingles ordinaires risquent de se perdre à l'intérieur du tricot.

LE COMPTE-RANGS

Ce petit instrument sert à tenir le compte de vos rangs. Si vous devez abandonner votre ouvrage, vous saurez exactement le nombre de rangs que vous avez déjà effectué lorsque vous reprendrez vos aiguilles. Le petit compteur se glisse au bout de l'aiguille, mais il est parfois difficile de tricoter avec un compte-rang sur une petite aiguille. Dans ce cas, passez un fil à l'intérieur et portez-le en pendentif autour du cou. Qui sait, si vous oubliez de l'enlever et que vous sortez avec, vous lancerez peut-être une mode parmi les tricoteuses.

LES CROCHETS

Tout comme les aiguilles à tricoter, les crochets sont disponibles en plusieurs tailles. Comme leur nom l'indique, la pointe est recourbée en crochet. Ils sont très pratiques pour rattraper les mailles qui ont filé.

LE PROTÈGE-POINTES

Ces petits accessoires empêchent les mailles de filer lorsque vous posez votre ouvrage. Achetez-en beaucoup : vous les trouverez très utiles.

LES BOUTONS

Les boutons peuvent former de jolies touches décoratives et embellir votre ouvrage. Choisissez-les bien : des boutons trop bon marché pourront nuire à l'aspect général de votre tricot. Achetez aussi des boutons aux bonnes dimensions en fonction des boutonnières que vous aurez tricotées.

Il existe toutes sortes de tailles et de formes, sans parler des matières : céramique, verre, plastique, écaille, métal, corne, nacre et bois. Vérifiez si les boutons peuvent supporter le même lavage que l'ouvrage tricoté ; ceux en métal pourraient rouiller s'ils ne sont pas traités.

Vous pouvez décorer des sacs, des chapeaux et des housses de coussins avec des boutons fantaisie.

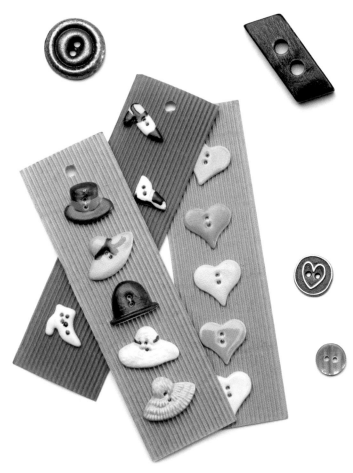

Ranger soigneusement son ouvrage

LE FAMEUX SAC À OUVRAGE

Au bout de quelque temps, vous trouverez que votre maison est envahie par les restes de pelotes que vous n'osez pas jeter car elles pourront toujours servir un jour. Il deviendra alors urgent, pour vous et surtout pour votre famille, de trouver un moyen de ranger tout ça.

Les paniers sont une solution pratique : placés dans un endroit stratégique, ils présenteront vos pelotes multicolores comme si elles étaient un accessoire de décoration intérieure.

Si vous voulez cacher vos pelotes, mettez-les dans les boîtes en plastique empilables. Fermez bien le couvercle si vous comptez les ranger à la cave ou au grenier car les souris y fabriqueraient bientôt leur nid préféré. Aimeriez-vous voir un rat porter le même pull que vous ? Les mites peuvent également abîmer la laine, alors si vous comptez abandonner votre ouvrage pendant un bon bout de temps, n'oubliez pas de disséminer des boules de naphtaline dans les boîtes.

Dans quoi allez-vous transporter votre ouvrage ? L'emporter avec vous est essentiel : vous pourrez l'exhiber et le traiter comme votre petit ami. Il n'est pas impossible que vous soyez si absorbée par votre ouvrage que vous pourriez ne pas remarquer le sosie de Johnny Depp qui vous sourit. Bref, pour sortir avec (votre ouvrage, pas Johnny), vous devrez trouver un sac assez profond pour que les aiguilles n'en dépassent pas. Il doit aussi être assez grand pour contenir votre matériel et, naturellement, être au top de la mode. Un panier pourrait convenir, mais faites attention à ce que la laine ne s'y accroche pas. Les anses devraient être relativement solides.

Si vous ne trouvez pas le sac de vos rêves, qu'à cela ne tienne : fabriquez le vôtre en vous aidant des instructions page 96.

Les techniques de tricot

Tenir les aiguilles

Tenez vos aiguilles en les croisant, l'aiguille droite derrière la gauche. Avec la main gauche, maintenez les deux aiguilles, l'index gauche en arrière pour supporter l'aiguille droite, le pouce venant pincer l'aiguille gauche contre celle de droite. Ainsi, votre main droite sera libre pour travailler le fil.

Après avoir monté vos mailles (*voir* page 26), conservez-les sur l'aiguille de gauche. Tenez l'aiguille droite comme un stylo en l'inclinant légèrement vers l'arrière. Piquez la pointe de l'aiguille droite dans la maille à travailler en faisant croiser l'aiguille droite derrière la gauche. Placez le pouce gauche sur l'aiguille gauche, à environ 2,5 cm du bout de l'aiguille, et l'index gauche derrière le croisement des aiguilles pour les pincer ensemble. Votre main droite est libre pour aller chercher le fil.

Une autre méthode que certaines personnes préfèrent consiste à tenir l'aiguille de droite comme celle de gauche, pas comme un stylo mais plutôt comme un couteau.

Si vous tricotez avec des grandes aiguilles, serrez l'aiguille sous votre bras pour mieux la contrôler. C'est ainsi que ma grand-mère m'a appris à tricoter. C'est un conseil astucieux, notamment lorsque vous tricotez dans le train et que votre voisin lit un journal. Toutefois, venir frapper le journal produit un rythme entraînant : essayez !

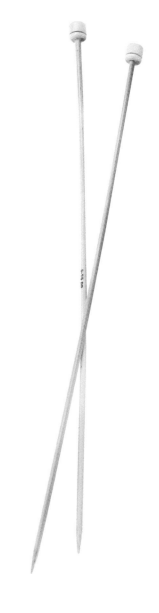

Tenir le fil

Il y a une astuce pour tenir le fil sans qu'il ne soit trop tendu ni trop lâche.

Tout le monde tient le fil d'une façon différente, mais voici la méthode que je préfère.

Placez le fil sur votre petit doigt droit, la paume de la main vers le haut, de sorte que l'extrémité du fil venant de la pelote repose sur le tranchant de la main et que l'autre extrémité se retrouve coincée entre l'auriculaire et l'annulaire. Tournez la main vers vous de façon à ce que le fil s'enroule autour de votre petit doigt (1).

Maintenant, avec la paume vers le bas, passez votre index légèrement tendu sous le fil en repliant les trois autres doigts pour tenir le fil à l'intérieur de votre main. Prenez l'autre aiguille de la main gauche (2).

Cette méthode permet de garder le fil près de vos aiguilles sans avoir à lâcher sans cesse les aiguilles ou le fil. N'oubliez pas de tenir vos aiguilles croisées en les pinçant légèrement avec la main gauche.

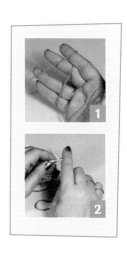

Monter des mailles

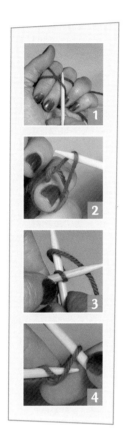

La meilleure façon d'apprendre, c'est quand quelqu'un vous montre comment faire. Arrêtez une mamie dans la rue et attirez-la chez vous en lui promettant un bon café et un petit gâteau en contrepartie ou bien demandez à une amie de vous dévoiler son secret. Autrement, ce livre fera l'affaire. Dans un groupe, l'une d'entre vous pourra lire les instructions tandis que les autres se débattront avec le fils et les aiguilles.

Il existe plusieurs méthodes pour monter des mailles, certaines produisant une lisière moins élastique que d'autres. Quoi qu'il en soit, le point de départ commun à toutes les méthodes de montage de maille est le nœud coulant. Les mailles ne doivent pas être serrées.

MONTER LA PREMIÈRE MAILLE

La première étape consiste à former la première maille par un nœud coulant. Déroulez environ 30 cm de fil de la pelote et tenez-le de la main gauche, paume vers le bas, en laissant retomber l'extrémité coupée à gauche et en plaçant la pelote sur votre droite. Saisissez le fil de la main droite et enroulez-le deux fois autour de l'index et du majeur gauches en croisant le fil sur le dessus. Glissez l'aiguille sous la première boucle (1) et crochetez la seconde boucle en opérant un mouvement à 180° (l'aiguille doit passer entre l'index et le majeur). Retirez vos doigts de la boucle puis resserrez délicatement la maille sur l'aiguille (2).

MONTER LES MAILLES SUIVANTES

Tenez l'aiguille avec la première maille de la main gauche. Piquez l'aiguille de droite de gauche à droite entre les deux brins de la maille. De la main droite, passez le fil sous l'aiguille droite et enroulez-le de bas en haut autour de l'aiguille, d'arrière en avant (3). Ressortez l'aiguille droite en ramenant le fil au travers de la maille pour former une nouvelle maille (4). Faites glisser cette maille sur l'aiguille gauche.

Pas de panique si vous voyez…

…la tricoteuse débutante.

Tricoter une maille endroit

Félicitations ! Vous avez réussi tant bien que mal à monter vos mailles. Mais la partie n'est pas finie. En fait, elle vient à peine de commencer et les choses vont se compliquer. Mettez de la musique : tricoter, c'est comme jouer d'un instrument. Les gestes doivent s'effectuer comme une mesure à quatre temps.

Répétez : « Dedans, autour, à travers et lâcher. » Oubliez toutes les autres formules sacrées que vous avez apprises à vos cours de yoga et répétez ce chant en tricotant.

DEDANS (1) :
Le fil doit être maintenu à l'arrière. Glissez la pointe de l'aiguille de droite de gauche à droite entre les deux brins de la maille en croisant l'aiguille droite sous la gauche.

AUTOUR (2) :
Tenez les aiguilles en les pinçant de la main gauche. Prenez le fil de la main droite, passez-le sous l'aiguille droite et enroulez-le de bas en haut autour de l'aiguille droite, d'arrière en avant. Le fil se trouve maintenant devant les aiguilles.

À TRAVERS (3) :
Ressortez l'aiguille droite en ramenant le fil au travers de la maille pour former une nouvelle maille.

LÂCHER (4) :
Laissez retomber la maille tricotée de l'aiguille gauche. Le fil doit de nouveau être maintenu à l'arrière.

Tricoter une maille envers

DEDANS (1) :
Le fil doit être maintenu devant les aiguilles. Glissez la pointe de l'aiguille de droite de droite à gauche entre les deux brins de la maille en croisant l'aiguille droite sur la gauche.

AUTOUR (2) :
Tenez les aiguilles en les pinçant de la main gauche. Prenez le fil de la main droite, passez-le sur l'aiguille droite et enroulez-le de haut en bas autour de l'aiguille droite, d'avant en arrière.

À TRAVERS (3) :
Ressortez l'aiguille en ramenant le brin au travers de la maille pour former une nouvelle maille.

LÂCHER (4) :
Laissez retombée la maille tricotée de l'aiguille gauche. Le fil doit de nouveau être maintenu devant les aiguilles.

À la fin de chaque rang, qu'il soit en mailles endroit ou envers, vous devrez retourner l'ouvrage pour commencer le rang suivant. L'aiguille avec les mailles doit se trouver sur votre gauche et celle sans mailles, sur votre droite.

Les mailles glissées

Pour réaliser certains modèles, il faudra sauter des mailles sans les travailler : ce sont des mailles glissées. Pour faire une maille glissée, piquez l'aiguille droite dans la maille de l'aiguille gauche, comme pour la tricoter à l'endroit – ou à l'envers, selon les cas. Faites ensuite sortir l'aiguille gauche de la maille pour que celle-ci se retrouve sur l'aiguille droite.

Le point mousse

Ce point est formé de mailles endroit sur tous les rangs. Il s'agit du point de tricot le plus simple. Vous obtiendrez une pièce élastique.

Vous pouvez ainsi tricoter une écharpe (*voir* page 74) pour votre homme puisque ce modèle est idéal pour les grandes débutantes.

Le jersey

Ce point est le plus courant. Que ce soit pour réaliser un pull uni ou rayé, la plupart des modèles se basent sur ce point. Le jersey consiste à tricoter en alternance un rang en mailles endroit et un rang en mailles envers. Vous obtiendrez une pièce lisse avec un motif de petits V. Compter les mailles est facile puisque chaque V correspond à une maille. Lorsque vous tricotez en jersey, sur un rang endroit, vous aurez les petits V face à vous. Lorsque vous tournerez votre ouvrage, les petites bosses de l'envers seront face à vous.

Endroit ou envers ?

« L'endroit » de votre ouvrage montrera une série de petits V alors que « l'envers » présentera des petites bosses. Il est important de savoir où se trouve l'endroit et l'envers de votre ouvrage lorsque vous devrez réaliser l'assemblage.

Endroit   *Envers*

Les côtes

Un pull classique présente des côtes sur la lisière du bas ainsi qu'aux poignets. Les côtes sont plus élastiques que le jersey et conservent ainsi mieux leur forme. Il s'agit de tricoter en alternance une maille endroit et une maille envers sur le même rang. Les côtes les plus courantes consistent à tricoter la première maille à l'endroit, la suivante à l'envers et ainsi de suite. Lorsqu'on tricote en alternance deux mailles endroit puis deux mailles envers, on obtient des côtes plus élastiques, utilisées pour les écharpes et les bonnets. Cette méthode permet de donner une forme à un vêtement près du corps et accentuer les courbes. Rappelez-vous de placer le fil derrière l'ouvrage pour la maille endroit et devant pour la maille envers.

Les augmentations et les diminutions

Avant d'apprendre comment augmenter et diminuer le nombre de mailles, vous devrez vous entraîner à tricoter des pièces rectilignes. Puis, pour obtenir des jolies formes, vous devez apprendre comment faire. Votre buste est, en général, plus étroit en bas qu'au niveau des épaules. Le plus simple des bonnets comporte des diminutions, à moins d'avoir une tête carrée.

Les augmentations se réalisent généralement sur l'endroit de l'ouvrage. Les patrons ne donnent pas forcément des instructions sur la méthode à suivre puisqu'il en existe plusieurs.

AUGMENTATION SIMPLE

La méthode la plus simple consiste à tricoter le devant et l'arrière d'une même maille.

Sur un rang endroit, tricotez la maille dedans, autour et à travers sans la lâcher (1). Avec l'aiguille de droite, tricotez l'arrière de la même maille avec l'aiguille gauche (2). Lâchez la maille. Vous avez créé une maille supplémentaire.

Sur un rang envers, tricotez la maille à l'envers comme d'habitude sans la lâcher, puis tricotez à l'envers l'arrière de la maille de l'aiguille de gauche pour créer une maille supplémentaire.

DIMINUTION SIMPLE

Pour faire une diminution en fin de rang et ainsi incliner le point vers la droite, la méthode la plus simple consiste à tricoter deux mailles ensemble, qu'elles soient des mailles endroit ou envers. Piquez l'aiguille de droite dans deux mailles et tricotez-les ensemble comme s'il s'agissait d'une seule et même maille (3).

Pour faire une diminution en début de rang et ainsi incliner le point vers la gauche, la méthode la plus simple consiste à réaliser un surjet. Faites une maille glissée, tricotez la maille suivante à l'endroit – ou à l'envers selon les cas –, et rabattez la maille glissée de droite à gauche par-dessus la maille tricotée à l'aide de l'aiguille gauche.

Augmentation

Diminution

Rabattre les mailles

Après avoir rabattu des mailles, il est normal de les relever ensuite pour coudre ensemble deux pièces ou tricoter le col, par exemple. Il est donc indispensable de rabattre les mailles sans trop les serrer.

Tricotez les deux premières mailles endroit sur l'aiguille de droite (1). Passez la première maille par-dessus la suivante en ne laissant qu'une seule maille sur l'aiguille (2). Répétez ensuite l'opération jusqu'à la fin du rang.

Essayez de rabattre vos mailles sur un rang endroit. Si vous les arrêtez sur un rang envers, faites passer le fil à l'arrière lorsque vous glissez la première maille par-dessus la suivante. N'oubliez pas de ramener le fil derrière pour tricoter la maille envers suivante. Coupez le fil, retirez la maille de l'aiguille et passez le fil dedans. Tirez sur le fil pour serrer la dernière maille. Si vous devez obtenir une lisière très élastique, rabattez vos mailles en côtes.

Réaliser un échantillon

Une fois le modèle choisi, vous serez tentée de commencer aussitôt. Mais vous devrez d'abord tricoter un échantillon pour définir les dimensions de votre ouvrage. Beaucoup d'erreurs proviennent du fait que l'on n'a pas tricoté d'échantillon et des pièces de tricot qui auraient dû être sublimes finissent dans la litière du chat parce qu'elles sont trop grandes ou trop petites. La plupart des patrons et des pelotes indiquent les mesures de l'échantillon.

Utilisez les mêmes aiguilles, fil et point, et tricotez un carré d'au moins 12 cm de côté.

Posez l'échantillon bien à plat sans l'étirer. Placez dessus une règle à l'horizontale et marquez une longueur de 10 cm par deux épingles. Comptez le nombre de mailles entre les épingles. Pour vérifier la tension des rangs, placez la règle à la verticale et marquez une longueur de 10 cm par deux épingles. Si vous obtenez plus de mailles ou de rangs que ce qui est indiqué dans le patron, tricotez un autre échantillon avec des aiguilles plus grosses. Si vous en obtenez moins, tricotez un autre échantillon avec des aiguilles plus fines.

« *Les jeunes urbaines branchées s'intéressent de nouveau aux anciens passe-temps pour se soulager du stress de la vie quotidienne. Exit le macramé ! C'est le tricotage qui est à la mode.* »

Vogue, mai 2004

Attacher et changer de fil

À un moment donné, votre pelote se terminera et vous devrez attacher un nouveau fil pour continuer à tricoter. Si possible, entammez la nouvelle pelote au début d'un rang. Vous aurez assez de fil pour terminer un rang s'il mesure quatre fois la longueur du rang.

Piquez l'aiguille droite dans la première maille. Placez le nouveau fil sur l'ancien et enroulez-les autour de l'aiguille droite, l'extrémité du nouveau fil vers la gauche.

Laissez toujours dépasser une extrémité d'au moins 10 cm.

Soulevez le nouveau fil de par-dessous l'ancien fil et tricotez la maille en veillant à ce que seul le nouveau fil soit ramené à travers la maille. Ainsi, les deux fils s'entoureront sur l'envers de l'ouvrage.

Après avoir tricoté quelques mailles, nouez les deux extrémités des fils ensemble. Vous les rentrerez plus tard.

Pas de panique si vous voyez…

… la bobo des villes.

Décrypter un patron

Une fois rodée au jargon du tricot, c'est aussi simple que de suivre une recette de cuisine. Évitez toutefois de tricoter un pull en spaghettis ! Comme en cuisine, lisez une fois les instructions en entier avant de commencer pour avoir une idée du modèle et des techniques à employer.

Au début de chaque patron, vous devez trouver les dimensions et les fournitures nécessaires.

LES DIMENSIONS

La taille la plus petite sera indiquée en premier, suivie par les tailles plus grandes.

Tour de poitrine :					
81	86	91	97	102	cm

Pour compliquer un peu les choses, ce sont les dimensions du vêtement terminé qui seront indiquées. En gros, c'est une taille unique et non une taille ajustée. Souvenez-vous que la plupart des vêtements tricotés ne sont pas aussi ajustés qu'un soutien-gorge et vous devez pouvoir rentrer dedans. En fonction de la taille, on indique la longueur du vêtement et la longueur des manches. Si vous devez le faire plus grand, n'oubliez pas que vous aurez besoin de plus de fil.

Tour de poitrine : cette mesure est prise au niveau des aisselles. Demandez à la personne sur qui vous avez des vues de vous aider à vous mesurer – c'est un bon moyen de briser la glace à un premier rendez-vous.

Dos : cette mesure représente la longueur du vêtement, prise depuis l'encolure jusqu'à la lisière du bas.

Manches : cette mesure est prise depuis la lisière des poignets jusqu'au point le plus large qui se trouve au niveau des aisselles.

Les patrons peuvent parfois représenter ces mesures par un petit schéma.

LES FOURNITURES

La quantité de fil est également indiquée au début du patron, en dessous des dimensions, afin de pouvoir calculer le nombre de pelotes nécessaires pour réaliser le modèle.

Tour de poitrine :					
81	86	91	97	102	cm
Fil :					
10	10	11	12	13	pelotes

Assurez-vous d'avoir une quantité de fil suffisante et, si vous optez pour un fil différent que celui indiqué, veillez à ce que les pelotes aient un poids et un métrage équivalents. Il est parfois astucieux d'acheter un peu plus de fil que nécessaire pour éviter d'en manquer. La plupart des fournisseurs vous reprendront vos pelotes non entamées. Si vous connaissez bien votre fournisseur, il pourra mettre des pelotes de côté que vous achèterez au fur et à mesure. Vous aurez ainsi la garantie de retrouver le même numéro de bain (mais ne vous attendez pas à ce qu'il les garde pour le pull que vous avez commencé il y a dix-huit ans !)

Vous trouverez également sous la rubrique « fourniture » du patron la taille recommandée pour les aiguilles et tout le matériel nécessaire à la réalisation du modèle, tels que les boutons, les perles, les aiguilles auxiliaires, les crochets et les arrête-mailles.

TAILLES DANS LES INSTRUCTIONS

C'est peut-être parfois un peu déroutant de lire les instructions du patron avant de commencer. Elles vous paraîtront évidentes une fois que vous aurez entamé le modèle, alors ne pensez pas que vous êtes idiote ou que le patron est inutile.

Les instructions présentent la plus petite taille et les plus grandes sont indiquées entre crochets. Par exemple : « montez 96 mailles [100/106/110/116] ». Montez le nombre de mailles qui correspond aux dimensions adéquates. L'astuce est de souligner les indications qui vous concernent avec un marqueur pour éviter les erreurs.

Les astérisques ou parenthèses indiquent la répétition d'une séquence de mailles. Par exemple : « * 1 m. end., 2 m. env., rep. depuis * jusqu'à la fin du rang » signifie que vous devez reprendre la séquence entre les astérisques jusqu'à la fin du rang. Ces instructions se trouvent parfois entre parenthèses : « (1 m. end., 2 m. env.) jusqu'à la fin du rang ». Pour compliquer les choses, on utilise parfois des astérisques et des parenthèses en même temps. Par exemple : « * 1 m. end., 2 m. env. (2 m. end., 1 m. env.) 3 fs, rep. depuis * jusqu'à la fin du rang ». Seules les instructions entre parenthèses doivent être répétées trois fois avant de poursuivre celles qui se trouvent derrière le dernier astérisque. Ainsi, pour l'exemple donné, vous devez tricoter 1 m. end., 2 m. env., puis 2 m. end., 1 m. env. trois fois, puis revenir au début de la séquence jusqu'à la fin du rang. Je vous ai perdue ? Commencez donc à tricoter, ça deviendra une évidence.

C'est toujours utile d'avoir un crayon sous la main pour s'assurer d'avoir répété la séquence le nombre de fois requis. Certaines tricoteuses fixent une épingle sur la page du patron et font des petits trous à la place de traits de crayon.

Si vous devez lâcher votre ouvrage en urgence pour répondre au téléphone ou ouvrir la porte, prenez le temps de noter l'endroit où vous en êtes au risque d'avoir à défaire votre rang pour pouvoir vous repérer. Vous n'allez quand même pas défaire votre ouvrage à cause d'un vendeur de porte à porte !

ASSEMBLAGE

L'assemblage est souvent une partie de plaisir, car il s'agit de coudre ensemble les différentes pièces. Suivez toujours l'ordre indiqué par le patron ; ce n'est pas fait au hasard (*voir* page 39 pour les instructions de couture).

ABRÉVIATIONS

Les abréviations constituent un autre obstacle pour comprendre les instructions. Ce n'est pourtant pas sorcier. Vous n'aurez pas à les mémoriser car elles sont généralement répétées au début ou à la fin des livres de modèles. Vous les trouverez ici à la page 95.

« *Tricoter, si vous le désirez, peut constituer le cœur d'un art de vivre épanouissant et créatif.* »

Weekend Knitting : 50 modèles et idées uniques

Le jacquard

Cette technique est utilisée pour réaliser un ouvrage multicolore. Vous aurez sûrement envie d'essayer – il y a tant de modèles irrésistibles à tricoter en jacquard !

Ce travail demande de la concentration, alors éteignez la télévision, accordez-vous du temps et ne répondez pas au téléphone. Les meilleurs résultats en jacquard sont sur du jersey car les motifs seront mis en évidence sur le devant de l'ouvrage et les fils seront masqués au dos.

Cette technique est souvent expliquée de façon confuse dans les livres de tricot, ce qui amène les débutantes à avoir envie de jeter leurs aiguilles en bambou au feu. Mais voici les méthodes les plus simples.

JACQUARD À FILS TIRÉS OU TENDUS

Si vous tricotez un motif qui compte moins de quatre mailles consécutives d'une même couleur, suivez la méthode du fil tendu.

Par exemple :

1. Tricotez avec le fil de la première couleur.
2. Une fois arrivée à l'endroit où vous voulez changer de couleur, placez le deuxième fil par-dessus le premier et commencez à tricoter avec.

Avec cette méthode, vos fils peuvent vite s'emberlificoter et vous passerez plus de temps à les démêler qu'à tricoter. Il existe plusieurs astuces pour éviter qu'ils ne s'emmêlent. Certaines personnes, par exemple, placent leurs pelotes dans des bocaux séparés. Quoi qu'il en soit, vous devez encore déplacer les bocaux et vous risquez de les renverser en vous levant.

JACQUARD À FILS TISSÉS

Si vous devez tricoter plus de trois mailles consécutives d'une autre couleur, optez pour la méthode à fils tissés. C'est la méthode la plus simple pour que le fil en attente ne tire pas ou ne boucle pas.

Tricotez avec la première couleur (fil A) et attachez la deuxième couleur (fil B) (1). Après avoir tricoté deux ou trois mailles, faites passer le fil A derrière le fil B et continuez à travailler avec le fil B. Continuez à tisser quand vous voulez changer à nouveau de couleur. Cette méthode permet de faire suivre le fil au dos de l'ouvrage et d'éviter de former de longues boucles dans lesquelles on se coince les doigts. Si vous tissez le fil à chaque maille, votre ouvrage va se resserrer et faire moche. Le mieux est de tisser le fil toutes les trois mailles pour obtenir un résultat plat et élastique.

À la fin du rang, juste avant votre dernière maille, tissez le fil pour que la deuxième couleur suive jusqu'au bout du rang.

DÉCRYPTER UNE GRILLE DE JACQUARD

Il va de soi qu'il faut être extrêmement attentive. La plupart des motifs jacquard sont réalisés à partir d'une grille. Comme il faut généralement un peu de temps pour s'y habituer, commencez par un motif simple bicolore (comme l'étui à portable ou iPod, *voir* page 70).

La grille présente un motif unique sous forme de petits carrés à répéter pour obtenir une suite de motifs. Les carrés seront en couleur ou avec des symboles représentant les différentes couleurs. La grille se lit de bas en haut.

À l'horizontale, chaque carré représente une maille, et verticalement, chaque carré représente un rang.

Pour un motif en jersey :
Rangs endroit : lisez la grille de droite à gauche ;
Rangs envers : lisez la grille de gauche à droite.

À la fin d'un rang, suivez les instructions pour le rang qui suit sans en sauter. Gardez un crayon ou un compte-rangs à portée de main et notez les rangs au fur et à mesure que vous les finissez.

Il arrive souvent que la grille ne montre qu'une partie du motif : il faudra donc que vous le répétiez sur l'ensemble du rang. Les répétitions sont indiquées par des grosses lignes verticales. Les mailles de chaque côté de cette ligne représentent celles à tricoter au début et à la fin du rang.

Suivez la grille au carré près sans vous laisser distraire. Vérifiez ce que vous avez fait au bout de quelques mailles et à la fin de chaque rang.

Si vous avez fait une erreur, n'espérez pas que ça va s'arranger. Défaites les mailles qui sont ratées et recommencez.

Pas de panique si vous voyez…

… la tricoteuse des champs.

Les catastrophes et comment les réparer

Voici un petit guide pour résoudre les erreurs les plus courantes au tricot.

MINCE, J'AI PERDU UNE MAILLE !
Ça arrive à tout le monde et plus souvent qu'on ne le voudrait. Savoir reprendre une maille perdue est indispensable.

Sur un rang endroit
Tenez votre ouvrage de la main droite, avec l'endroit face à vous (1). Insérez la pointe de l'aiguille de droite dans la maille perdue de l'avant vers l'arrière pour l'empêcher de filer plus loin. Glissez l'aiguille sous le brin horizontal pour qu'il s'asseye sur la maille (2). Avec l'aiguille de gauche, soulevez la maille perdue par-dessus le brin horizontal et lâchez-la de l'aiguille de droite (3). Transférez la maille sur l'aiguille de gauche et finissez votre rang endroit (4).

Sur un rang envers
Tenez votre ouvrage avec l'envers face à vous (5). Insérez la pointe de l'aiguille de droite dans la maille perdue de l'arrière vers l'avant. Glissez l'aiguille sous le brin horizontal pour qu'il s'asseye sur la maille (6). Avec l'aiguille de gauche, soulevez la maille perdue par-dessus le brin horizontal et lâchez-la de l'aiguille de droite (7). Transférez la maille sur l'aiguille de gauche (8).

OH ! MA MAILLE A FILÉ
Lorsqu'une maille perdue se fait la belle sur plusieurs rangs, elle devient une maille filée.

Reprenez la maille de bas en haut avec vos aiguilles ou utilisez un crochet.

Reprenez la maille filée sur le devant de l'ouvrage (9). Insérez le crochet dans la maille d'avant en arrière. Attrapez le brin horizontal avec le crochet et tirez-le à travers la maille (10). Continuez à remonter ainsi jusqu'en haut et transférez la maille sur votre aiguille. Ouf !

MA MAILLE EST TORDUE
Les mailles se retrouvent à l'envers lorsqu'elles ont été reprises du mauvais côté ou lorsque le fil a été enroulé dans l'autre sens autour de l'aiguille.

Sur un rang endroit : tricotez à l'endroit au dos de la maille.

Sur un rang envers : tricotez à l'envers au dos de la maille.

DÉTRICOTER

Détricoter n'est jamais agréable et toujours frustrant. C'est un peu comme rater une sortie sur l'autoroute et devoir parcourir 25 km pour faire demi-tour.

Détricoter une maille

Si vous constatez que vous avez fait une erreur sur le rang en cours, détricotez l'ouvrage maille par maille.

Placez le fil au dos de l'ouvrage dont le devant est face à vous. Piquez l'aiguille de gauche sous la maille que vous voulez défaire sur l'aiguille de droite (1). Retirez l'aiguille de droite de la maille et tirez sur le fil (2).

Sur un rang envers, suivez la même méthode, mais avec l'envers de l'ouvrage face à vous et le fil sur le devant.

Détricoter des rangs

Généralement, on essaie d'éviter d'avoir à détricoter plusieurs rangs, mais cela arrive quand vous avez oublié de corriger une erreur.

Posez l'ouvrage à plat et retirez l'aiguille pour libérer les mailles. Posez une main sur l'ouvrage pour le maintenir et tirez le fil de l'autre main en défaisant le nombre de rangs nécessaire. N'oubliez pas de compter le nombre de rangs que vous détricotez ainsi que les augmentations ou diminutions que vous aviez effectuées. Déduisez ce chiffre de votre compte-rangs.

Une fois les rangs détricotés, replacez les mailles sur une aiguille plus fine. Recommencez à tricoter comme à l'accoutumée en utilisant vos aiguilles habituelles.

À QUEL RANG J'EN SUIS ?

Même si la paix règne autour de vous et que vous êtes très concentrée, il faudra bien à un moment donné lâcher votre tricot. Lorsque vous reprendrez vos aiguilles, vous devrez savoir à quel rang vous en étiez.

D'où l'importance du credo de la tricoteuse : « Attends, je finis mon rang. » Lorsqu'on pose son ouvrage au milieu d'un rang, il est facile de repartir dans le mauvais sens. Assurez-vous que le fil est toujours positionné du côté droit de l'ouvrage et essayez de finir le rang avant de vous lever pour répondre au téléphone ou vous faire un petit café. N'oubliez pas de marquer sur le patron l'étape que vous avez atteinte.

Si vous êtes perdue, regardez où est le fil en reprenant vos aiguilles. Qu'il soit devant ou derrière l'ouvrage, il doit toujours être travaillé avec le fil qui sort de la première maille de l'aiguille de droite. Si le fil sort de l'aiguille de gauche, retournez l'ouvrage et continuez à tricoter.

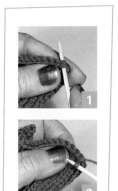

Relever des mailles pour une lisière

Pour empêcher les bords de roulotter, la plupart des pièces tricotées auront une lisière qui sera soit cousue soit réalisée en relevant des mailles. Dans les instructions, vous verrez l'abréviation « rel. » qui signifie relever. Le nombre de mailles à relever est toujours indiqué.

RELEVER DES MAILLES MONTÉES/ RABATTUES SUR UNE AIGUILLE

Avec l'endroit de l'ouvrage face à vous, piquez l'aiguille de devant vers l'arrière à travers les deux brins de la boucle (1). Enroulez le fil autour de l'aiguille et tirez le fil à travers la boucle pour créer une nouvelle maille (2). Continuez à relever le nombre de mailles indiqué dans les instructions.

RELEVER DES MAILLES SUR UN CÔTÉ

Avec l'endroit de l'ouvrage face à vous et l'aiguille dans la main droite, relevez les mailles à une maille du bord. Vous obtiendrez un bord plus net.

Utilisez des épingles espacées régulièrement le long du côté pour compter le nombre de mailles à relever. Mesurez la longueur du côté et divisez-la par le nombre de mailles à relever pour qu'elles soient régulièrement espacées.

Les boutonnières

Créer des boutonnières sur un vêtement tricoté ne donne jamais un résultat très net. Peu importe car vous pourrez en améliorer l'apparence en brodant par-dessus au point de boutonnière. C'est vrai que le moment le plus agréable est de choisir les boutons.

Tricotez jusqu'à l'endroit prévu dans le patron pour former une boutonnière. Rabattez le nombre de mailles indiqué en fonction de la longueur de la boutonnière et de l'épaisseur du fil (1). Tricotez le rang jusqu'à la fin. Sur le rang suivant, tricotez jusqu'aux mailles rabattues. Retournez l'ouvrage en inversant les aiguilles : prenez l'aiguille de droite dans la main gauche et celle de gauche dans la main droite. Montez le même nombre de mailles que vous avez rabattues (2). Retournez l'ouvrage et tricotez jusqu'à la fin du rang.

Rentrer les fils

Si possible, rentrez les extrémités des fils au fur et à mesure et assurément avant l'assemblage de l'ouvrage. Autrement, vous risquez de prendre les fils dans les coutures.

Enfilez les extrémités des fils dans une aiguille à laine et faufilez-les sous les mailles sur l'envers de l'ouvrage. Coupez la fin des fils. Vous pouvez faufiler les fils verticalement ou horizontalement tant que le résultat est net.

Si vous ne le faites pas, votre ouvrage ressemblera à un nid d'oiseau lorsque vous le retournerez.

Assemblage et couture

Après avoir tricoté l'ensemble des pièces qui compose le modèle, il faut les assembler. Certes, c'est un moment plein d'appréhension. J'avais l'habitude de m'en remettre à ma maman pour l'assemblage, mais elle a fini par en avoir assez. Je dois maintenant effectuer l'assemblage toute seule. Beaucoup d'ouvrages quasiment terminés n'atteignent jamais cette étape et se retrouvent dans un sac au fond du grenier.

Mais ne paniquez pas : rien ne vaut la satisfaction de voir votre ouvrage prendre forme !

Placez toutes les pièces sur une surface plane, les unes à côté des autres pour voir la forme du vêtement. Épinglez les morceaux de façon lâche avec des épingles à nourrice de préférence car les épingles droites ont tendance à disparaître dans le tricot.

Commencez par épingler les angles, puis les côtés. N'oubliez pas de vérifier que vous avez bien posé toutes les pièces à l'endroit car il n'y a rien de plus frustrant que de s'apercevoir qu'on a cousu ensemble un endroit et un envers. Utilisez le même fil pour coudre les morceaux ensemble, à moins d'avoir tricoté avec un fil super épais. Dans ce cas, prenez un fil plus fin de la même teinte.

« *Madame Lune*
assise dans le ciel
une petite vieille
qui se balance
avec un fil de lumière
et des aiguilles argentées
en tricotant la nuit.

Mère par Prabha Raj
comme les aiguilles
tout se croise.
J'aperçois ses pensées
qui jouent
avec ses rides.

Dès qu'elle a fini
de monter ses mailles
ses rides
s'estompent.

J'appelle ce phénomène
la juxtaposition
de l'esprit et des sentiments. »

Roger McGough, Madame Lune

ASSEMBLAGE PAR COUTURE

Il existe de nombreuses méthodes pour coudre ensemble des pièces de tricot. Commencez par la méthode du surjet ; vous essayerez les autres lorsque vous aurez pris confiance en vous.

Le surjet

C'est la méthode la plus simple pour coudre des pièces ensemble, mais pas forcément la plus nette. Quoi qu'il en soit, la couture sera bien plate.

Enfilez dans une aiguille à laine assez de fil pour coudre l'intégralité du côté. Superposez les pièces, endroit contre endroit. Vous allez coudre sur l'envers. En commençant par le bas, faites ressortir l'aiguille vers le dessus en piquant à travers les deux morceaux. Ramenez l'aiguille vers l'arrière et piquez-la dans la maille suivante de l'arrière vers le devant. Revenez au point de départ et piquez l'aiguille de l'arrière vers l'avant pour sécuriser le fil (1). Faites correspondre les deux côtés des pièces et piquez l'aiguille de l'arrière vers l'avant à travers les deux épaisseurs. Ramenez l'aiguille au dos et recommencez en faisant des points réguliers tous les deux rangs environ (2).

Commencer une couture
au point arrière ou invisible

Les premiers points permettent de tenir ensemble les morceaux et d'éviter que la couture ne se défasse.

Placez les deux pièces endroit contre endroit ; vous travaillerez sur l'envers. Utilisez l'extrémité du fil employé pour monter les mailles ou enfilez un nouveau fil dans une aiguille à laine. Piquez l'aiguille de l'arrière vers l'avant à l'angle

inférieur des pièces. Nouez solidement le fil en repiquant l'aiguille dans le même trou (3).

Point arrière

Ce point très simple convient parfaitement pour assembler des pièces tricotées en fil fin. Cette méthode permet d'obtenir une couture nette mais qui peut créer une légère boursouflure avec les fils plus épais.

Épinglez les morceaux ensemble, l'envers face à vous, en faisant bien correspondre les rangs (4). Commencez votre couture comme expliqué précédemment et faites ressortir le fil sur le devant. Piquez l'aiguille dans l'ouvrage juste derrière le dernier point de couture et faites un point court en faisant ressortir l'aiguille sur le devant (5). Repiquez l'aiguille là où le point précédent s'arrête et faites un long point pour que l'aiguille ressorte à une maille de la fin du point précédent (6). Recommencez jusqu'à la fin de la couture. Vous obtiendrez une ligne de points continue sur le côté face à vous.

<< *Tricotez, avec sérénité et espoir, pendant les crises.* >>

Elizabeth Zimmermann

Point invisible sur du jersey

C'est le point de couture qui donne les meilleurs résultats. Même si ça prend plus de temps, la couture sera quasiment invisible et absolument droite.

Placez vos pièces l'une en face de l'autre et piquez l'aiguille sous les deux premiers brins situés entre chaque V sur l'endroit de l'ouvrage en jersey(1). Piquez l'aiguille sous les deux premières barres de la deuxième pièce et tirez le fil. Ne rapprochez pas trop vos pièces dès cette étape, vous le ferez plus tard (2). Piquez l'aiguille à l'endroit où elle est ressortie sur la pièce de droite et attrapez les deux barres suivantes. Piquez l'aiguille là où elle est ressortie sur la pièce de gauche et attrapez les deux barres suivantes (3). Après avoir effectué quatre ou cinq points, tirez sur le fil pour rapprocher les pièces. Les points deviendront complètement invisibles (4).

Assembler deux côtés de mailles rabattues

Voici maintenant une légère variante du point invisible qui crée également une couture très nette.

Posez les pièces avec l'endroit face à vous et, en travaillant de droite à gauche, piquez l'aiguille au centre de la première maille sous la lisière. Tirez légèrement le fil ; vous resserrerez les pièces plus tard (5). Piquez l'aiguille dans le centre de la maille correspondante sur l'autre pièce et faites-la ressortir au centre de la maille suivante du même côté (6). Piquez l'aiguille au centre de la maille suivante sur la pièce opposée et faites-la ressortir au centre de la maille suivante du même côté (7). Après avoir réalisé quatre points, tirez doucement sur le fil pour resserrer les pièces. Continuez ainsi jusqu'à la fin.

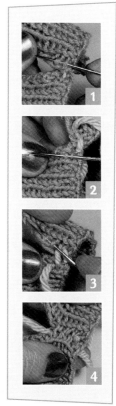

Laver, mettre en forme et repasser (les ultimes finitions)

Repasser votre ouvrage peut faire la différence entre un résultat quasi professionnel et un chiffon trouvé dans une poubelle.

Les fils qui contiennent un haut pourcentage de fibres naturelles peuvent être repassés à la vapeur, mais d'autres seront définitivement abîmés par la chaleur d'un fer.

Lisez bien les instructions qui se trouvent sur la bande des pelotes ; vous devez y trouver les informations nécessaires, voire la température idéale du fer à repasser, ainsi que la possible utilisation d'une pattemouille.

HUMIDIFIER

Si vous ne pouvez pas repasser votre ouvrage à la vapeur, suivez la méthode ci-dessous.

Prenez une serviette de toilette grand teint humide (pas celle que vous venez d'utiliser pour sécher votre chien). Posez l'ouvrage sur la serviette et enroulez-les sans serrer. Il faut environ une heure pour que le tricot absorbe l'humidité de la serviette.

Déroulez la serviette sur une surface plane et replacez l'ouvrage par-dessus. Piquez des épingles pour le maintenir en forme.

Prenez un autre morceau de tissu humide et posez-le par-dessus afin de prendre votre ouvrage en sandwich. Appuyez légèrement dessus pour que tout l'ouvrage soit en contact avec le tissu et laissez l'ensemble sécher dans un endroit aéré pour qu'il ne mette pas trop longtemps à sécher au risque de prendre une mauvaise odeur.

MISE EN FORME

Cette méthode est utile pour conserver la forme du vêtement lorsqu'il sèche. On l'emploie pour mettre les pièces en forme avant de les coudre puisque les bords des morceaux de tricot ont tendance à roulotter. C'est aussi l'occasion de mettre en forme des motifs qui ne paraissent pas très réguliers.

Le mieux est d'enlever tout l'excédent d'humidité du tricot avant de l'étaler. Vous pouvez par exemple l'envelopper dans une serviette et l'essorer légèrement dans votre machine à laver. Autrement, enroulez la pièce dans une serviette et appuyez doucement dessus pour que l'eau soit absorbée par la serviette. C'est également un bon moyen de se destresser, mais ne serrez pas la serviette trop fort. Il s'agit avant tout d'éliminer l'excédent d'eau !

Avant de commencer la mise en forme, rappelez-vous l'aspect de vos pièces. Étalez-les sur une serviette sèche. Lissez le tricot pour obtenir les dimensions désirées et posez vos pièces sur l'envers. Posez des épingles à grosse tête ou des épingles à nourrice espacées tous les 2,5 cm sur le bord des pièces.

REPASSAGE À LA VAPEUR

Repasser les pièces à la vapeur aide à maintenir leur forme. La bande des pelotes doit vous indiquer la température du fer. En règle générale, les fils en laine naturelle, en coton ou en lin peuvent se repasser avec une pattemouille. Les fers à vapeur sont également indiqués car on peut placer un tissu dessous sans que le fer touche le tricot. Il ne faut pas repasser les fibres synthétiques à la vapeur ; mieux vaut les repasser au fer froid avec une pattemouille.

N'utilisez jamais la vapeur pour de l'acrylique. Investissez dans un fer à semelle en téflon qui n'attache pas. Cela vous permettra de glisser facilement le fer sur vos ouvrages tricotés sans que la vapeur soit trop chaude. Branchez votre fer et vérifiez la température. Placez une pattemouille ou un tissu sec sur les pièces

Mise en forme – avant

Mise en forme – après

 Tricoter branché

de tricot épinglées. Faites flotter le fer au-dessus de façon à obtenir de la vapeur. Ne traînez pas le fer sur le tricot pour éviter les accidents. Ne repassez pas les bords en côtes. Retirez quelques épingles et si l'ouvrage reste bien à plat, retirez-les toutes et laissez sécher. Après avoir assemblé votre ouvrage, repassez-le encore une fois sur les coutures en utilisant la même méthode. Cette fois, vous n'aurez plus besoin de poser des épingles.

LAVAGE

Rien que l'idée de laver un vêtement tricoté à la main fait frémir lorsqu'on a eu des expériences malheureuses d'habits qui ont déteint dans la machine. Il ne faudrait pas que votre ouvrage tricoté avec amour pour lequel vous avez soigné les finitions rétrécisse en un clin d'œil. Vous n'auriez plus qu'à le donner à une bonne œuvre militant pour le bien-être des elfes.

Il est capital de prendre le temps de lire les instructions sur la bande de la pelote. Puisque au premier abord ça peut paraître un message codé, voici quelques astuces pour vous aider.

Laver à la main

Utilisez de l'eau tiède et un détergent doux. Il existe de nombreuses marques de lessives liquides dans le commerce que je préfère à la lessive en poudre qui ne se dissout jamais complètement dans l'eau tiède. Ne frottez pas un ouvrage en tricot mais pressez-le doucement pour détacher la crasse. Ne le laissez tremper dans l'eau : mieux vaut le laver et le faire sécher le plus rapidement possible. Laissez l'eau s'écouler avant de retirer le tricot du lavabo et pressez-le délicatement pour l'essorer un peu. L'ouvrage peut peser lourd lorsqu'il a absorbé beaucoup d'eau, alors essayez de ne pas trop le déformer en le soulevant. Posez-le à plat sur une serviette que vous enroulerez sans trop serrer. Prenez une autre serviette pour poser le tricot à plat et mettez-le en forme pour qu'il retrouve ses dimensions d'origine. Laissez-le sécher naturellement mais pas au soleil et ne soyez pas tentée de le poser sur un radiateur pour le faire sécher plus rapidement.

Note : certains fils, comme le coton et le lin, supportent un essorage léger en machine.

Laver en machine

Vérifiez sur la bande de la pelote si vous pouvez laver le fil en machine. Référez-vous aux instructions pour lancer le programme à bonne température. Si vous craignez d'abîmer l'ouvrage, placez-le dans une taie d'oreiller puis dans le tambour de la machine. Si vous n'êtes pas sûre de vous, lavez-le à la main ! Posez le vêtement à plat pour le faire sécher. Surtout, ne le mettez pas dans le sèche-linge.

Nettoyage à sec

Si l'étiquette de la pelote mentionne « nettoyage à sec », alors, ça sera nettoyage à sec. Donnez vos recommandations à votre teinturier pour qu'il ne pende pas le vêtement et qu'il ne le repasse pas à la vapeur. Vous pouvez toujours lui montrer la bande de la pelote. Il s'agit de votre chef-d'œuvre, après tout !

≪ *Dans le rythme des aiguilles, il y a la musique de l'âme.* ≫

Extrait d'un catalogue d'échantillons

Les perles

Ajouter des perles peut faire toute la différence entre un ouvrage bien exécuté et un véritable chef-d'œuvre. Les perles donnent une finition sublime aux lisières et aux poignets, et rendent les petits sacs à main très classe.

Enfiler des perles sur le fil est relativement compliqué mais très satisfaisant. On pourrait croire qu'il suffit de les enfiler sur l'aiguille active et qu'elles vont apparaître directement dans l'ouvrage, mais ce n'est pas le cas. La plupart des perles n'ont pas de trou assez large et ne tiendront donc pas sur votre aiguille à tricoter. La première étape consiste donc à dénicher une aiguille à coudre fine. Lorsque vous achetez des perles, vérifiez que leur trou est assez large pour laisser passer une aiguille. Vous serez surprise de la taille des trous des perles quand vous vous y intéresserez de près. Chez certains, ça tourne à l'obsession et si vous vous retrouvez en train de murmurer « Humm… merveilleux » comme Golum dans *Le Seigneur des anneaux*, il sera temps de consulter.

ENFILER DES PERLES

Cette étape doit être réalisée avant de débuter l'ouvrage. Enfilez un fil à coudre à double

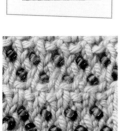

dans le chas d'une aiguille et laissez pendre la boucle. Glissez votre fil à tricoter dans cette boucle en laissant dépasser une extrémité d'environ 15 cm. Enfilez les perles sur l'aiguille jusqu'au fil à tricoter et poussez-les pour qu'elles se retrouvent sur le fil unique.

Enfilez autant de perles que nécessaire. Il vaut mieux en enfiler plus car une fois que vous aurez commencé à tricoter, vous ne pourrez pas en rajouter sans casser le fil et recommencer l'opération (1).

Il existe plusieurs méthodes pour tricoter avec des perles. Celle que je vous présente est la plus logique et deviendra rapidement un automatisme.

Sur un rang endroit, tricotez jusqu'à la maille où vous devez insérer une perle. Piquez l'aiguille dans la maille. Faites monter une perle le long du fil (2). Tricotez la maille en poussant la perle dans la maille sur l'endroit de l'ouvrage (3). Tirez sur le fil pour la maintenir en place (4).

Sur un rang envers, suivez la même méthode mais poussez la perle pour qu'elle se retrouve sur l'endroit de l'ouvrage.

Les ornements

Toutes les tricoteuses possèdent des sacs entiers de restes de pelotes et certaines personnes conservent des amas de perles. Ne jetez pas ces trésors de guerre : ils peuvent servir à embellir un ouvrage. Les ornements présentés ici sont parfaites pour agrémenter des coussins, des pulls, des sacs, des bonnets ou des écharpes.

Les pompons

Pour réveiller une housse de coussin, un plaid, un bonnet, une écharpe ou un manteau pour chien, rien ne vaut des pompons. Utilisez des fils de couleurs différentes pour obtenir des pompons multicolores. Une fois arrivée à la fin du fil, prenez-en simplement un autre.

Découpez deux disques dans du carton fin (une boîte de céréales fera parfaitement l'affaire) aux dimensions désirées en vous aidant d'un verre ou d'un objet rond (1). Découpez ensuite un petit rond au centre de chaque carton (2). Superposez vos deux disques. Enroulez du fil pour former une petite pelote. Insérez l'extrémité du fil dans le trou central et faites passer la pelote à travers le trou jusqu'à l'obstruer entièrement (3). Pour réaliser des pompons moins touffus, enroulez moins de fil. Lorsque vous avez fini d'enrouler votre fil, écartez-le légèrement pour dévoiler les disques. Glissez la pointe de vos ciseaux entre les deux épaisseurs de carton et coupez les fils sur le bord extérieur du pompon (4). Ensuite, glissez une longueur de fil indépendante entre les deux disques et nouez-le solidement par un double nœud (5). Retirez les disques en carton et ébouriffez votre pompon.

Pas de panique si vous voyez…

… la tricoteuse hippie.

Les glands

Les glands sont du plus bel effet lorsqu'ils sont accrochés aux angles d'un coussin ou au sommet d'un bonnet.

Prenez un objet rigide qui ait la longueur désirée pour former un gland. Un boîtier de CD fera parfaitement l'affaire.

Enroulez le fil autour 30 ou 40 fois en fonction de l'épaisseur de votre fil et de la taille que vous voulez obtenir (1). Coupez le fil en bas une fois que vous aurez fini. Glissez un autre fil en haut du boîtier et nouez-le solidement (2). Retirez le boîtier de CD. En maintenant le gland de la main gauche, coupez les fils du bas (3).

Prenez un autre bout de fil et enroulez-le plusieurs fois du gland vers le haut. Nouez le fil solidement (4). Enfilez ce même fil dans une aiguille à laine et rentrez-le plusieurs fois d'avant en arrière pour qu'il ne se défasse pas (5). Égalisez le bas du gland.

Les franges

Les franges finissent bien une écharpe et toutes sortes de vêtements en les rendant plus glamour.

Prenez un objet rigide de la longueur voulue pour vos franges. Enroulez 4 ou 5 fois le fil autour en fonction de l'épaisseur du fil et celle désirée pour vos franges (1).

Retirez le support en maintenant fermement le haut des fils. Insérez la frange à travers une boucle en bas de l'ouvrage à l'aide de vos doigts ou d'un crochet (2).

Faites une boucle avec la frange et glissez le bas à l'intérieur. Tirez dessus pour resserrer la boucle (3). Égalisez le bas de la frange.

Les nœuds

Ce joli nœud est composé de cinq pièces tricotées en côtes.

Formez d'abord les deux boucles de 22 mailles de large et 14 cm de long. Les deux pointes sont tricotées à partir de 2 mailles montées puis d'une augmentation à chaque rang sur 22 rangs. Tricotez sans augmenter jusqu'à ce que les pièces mesurent 14 cm de long. Pour la bande centrale, tricotez 16 mailles sur 6,5 cm en côtes 1/1 (une maille endroit, une maille envers).

Pour assembler votre nœud, pliez les boucles en deux et plissez-les joliment avant de les coudre pour que les plis ne se défassent pas. Plissez le haut des pointes et cousez-les aux boucles. Enfin, attachez la petite bande centrale pour terminer le nœud.

Les fleurs

Tricotez ces fleurs avec n'importe quel fil tant que vous respectez la taille recommandée pour les aiguilles. Elles peuvent ajouter une touche glamour à un sac, un bonnet ou une écharpe. Vous pouvez également les épingler pour les porter en broche.

Montez 8 m.
Rang 1 : sautez 1 m., 7 m. endr.
Rang 2 : sautez 1 m., 5 m. endr. (2 m. rest. sur l'aiguille de gauche), tournez et placez le fil vers l'arrière.
Rang 3 : sautez 1 m., 3 m. endr. (2 m. rest. sur l'aiguille de gauche), tournez et placez le fil vers l'arrière.

Rang 4 : sautez 1 m., 3 m. endr., tournez.
Rang 5 : sautez 1 m., 5 m. endr., tournez.
Rang 6 : sautez 1 m., 6 m. endr., tournez.
Rang 2 : sautez 1 m., et rab. les m. jusqu'à ce qu'il ne reste plus que 1 m., tournez.
Montez 7 m.

Rep. 5 fois pour créer 6 pétales au total. Rabattez les dernières mailles en laissant une longue extrémité de fil. Enfilez-le dans une aiguille à laine et cousez ensemble le premier et le dernier pétale pour former la fleur. Enfilez l'aiguille à la base de chaque pétale et tirez le fil pour les resserrer et fermer le trou central. Rentrez les extrémités de fil.

TROISIÈME PARTIE

Des modèles...

... à la mode

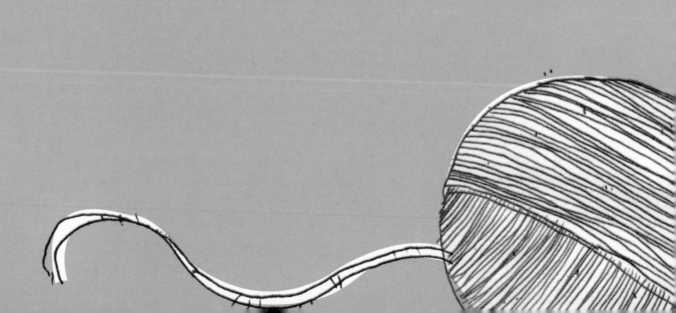

Le syndrome Bridget Jones

Nous subissons toutes le stress de la vie active quotidienne et nous cherchons à tricoter des modèles simples dont la réalisation rapide peut s'insérer dans nos agendas bien remplis.

La partie suivante présente des modèles choisis pour leur simplicité mais qui font également appel à des techniques intéressantes. Ils ont été réalisés avec des fils attrayants qui ont participé au renouveau du tricot au cours des années passées. En effet, les fournisseurs répondent aux nouvelles tendances en proposant des fils à tricoter de qualité diverse et aux coloris chatoyants : de la laine super gonflante, du fil ruban, des mélanges soie/alpaca, du cachemire et de la laine mérinos.

Quasiment tous les créateurs de mode proposent des vêtements en maille ; certains de leurs modèles ont été simplifiés ici pour qu'ils soient plus faciles à réaliser. Le résultat est néanmoins garanti professionnel et ultra-chic. En suivant les patrons, vous vous entraînerez aux différentes techniques de tricot et vous pourrez bientôt réaliser des pièces plus complexes. Parmi les modèles, vous trouverez ceux de Vikki Haffenden et Jane Rota, deux Anglaises créatrices de mode travaillant au Département Mode et Textiles à l'Université de Brighton. Leur expertise en la matière et leur connaissance de la mode leur ont permis de créer des modèles intéressants et branchés.

Par ailleurs, l'étui à portable (*voir* page 70) est une suggestion de ma fille, Maddy, qui apprécie l'idée de pouvoir ranger son téléphone dans une pochette personnalisée. Il est vrai que la coque de ces appareils paraît terne aux adolescentes qui adorent les couleurs.

Quant aux manteaux pour chiens (*voir* page 83), ils ont été inspirés par Roger Perkins, grand ami des chiens qui a une imagination débordante. Pourquoi votre animal de compagnie devrait-il sortir avec un manteau en plastique alors que la mode canine de l'hiver est aux ailerons de requin et aux pompons ?

Vous trouverez également deux modèles à coudre qui ont cependant un rapport avec le tricotage : un sac à ouvrage (*voir* page 90) et un étui à aiguilles en fausse peau de vache (*voir* page 92). Ces objets seront d'une grande utilité à toutes les apprenties tricoteuses.

Vous découvrirez comment l'emploi de textures différentes et d'accessoires amusants peut transformer un modèle basique en vêtement personnalisé. Ainsi, la grosse écharpe toute simple présentée page 74 a été réalisée avec un fil épais teint à la main, et pour qu'elle soit encore plus étonnante, elle a été agrémentée de franges. Regardez comment des pompons (*voir* pages 80 et 83), des glands (*voir* page 81) et des fleurs (*voir* page 78) peuvent compléter et personnaliser des objets basiques. Suivez la mode actuelle en ajoutant des rubans, des boutons et des perles pour rendre vos créations uniques. Commencez dès à présent à dénicher des trésors dans les vide-greniers et les boutiques de loisirs créatifs ; vous trouverez forcément une façon de les utiliser pour personnaliser vos tenues et accessoires. Ainsi, vous pourrez reproduire la petite pochette à boutons et ruban de la page 82.

Sa forme rectangulaire ne demande aucune technique particulière ; c'est donc un modèle idéal pour les débutantes qui veulent créer un premier ouvrage remarquable.

Évidemment, tous les modèles sont facilement adaptables ; il vous suffit de changer les couleurs et les accessoires pour personnaliser vos modèles. Et de nombreux projets ont été conçus pour les grandes débutantes. Ainsi, le pull présenté page 52 est d'une simplicité enfantine sans compromettre le confort du vêtement. Les écharpes, bonnets et sacs sont parfaits pour s'entraîner aux différents points de tricot. L'étui à portable (*voir* page 70) et le bikini (*voir* page 68) vous permettront de vous faire la main aux différentes techniques de jacquard. Pour apprendre à tricoter avec des perles, réalisez cette sublime pochette à maquillage (*voir* page 78) qui fera pâlir de jalousie toutes vos amies.

Allez, courage, prenez vos aiguilles en main et commencez un modèle. Ne soyez pas rebutée par les abréviations utilisées dans les instructions. N'hésitez pas à feuilleter le livre pour relire les explications si vous êtes perdue ou pour récupérer une maille qui a filé par inadvertance.

Souvenez-vous : toute pièce tricotée commence par une première maille et créer un vêtement apporte autant de plaisir que de le porter.

Les points utilisés...

Voici un petit récapitulatif des points que vous aurez à effectuer pour réaliser les modèles suivants.

Point mousse :

Toutes les mailles et tous les rangs se tricotent en mailles endroit.

On aura ainsi :

Rang 1 : m. endr. jusqu'à la fin du rang.

Rang 2 : m. endr. jusqu'à la fin du rang.

Jersey :

Les rangs endroit et envers sont alternés.

Toutes les mailles des rangs impairs se tricotent en mailles endroit et toutes les mailles des rangs pairs se tricotent en mailles envers.

On aura ainsi :

Rang 1 : m. endr. jusqu'à la fin du rang.

Rang 2 : m. env. jusqu'à la fin du rang.

Côtes 1/1

Sur chaque rang, les mailles endroit et les mailles envers sont alternées.

Si le nombre de mailles que compte le rang est pair, on aura ainsi :

*Rang 1 : * m. endr., m. env., rep. depuis * jusqu'à la fin du rang.*

*Rang 2 : * m. env., m. endr., rep. depuis * jusqu'à la fin du rang.*

Côtes 2/2

Sur chaque rang, 2 mailles endroit seront alternées avec 2 mailles envers.

Si le nombre de mailles que compte le rang est pair et multiple de 2, on aura ainsi :

*Rang 1 : * 2 m. endr., 2 m. env., rep. depuis * jusqu'à la fin du rang.*

*Rang 2 : * 2 m. env., 2 m. endr., rep. depuis * jusqu'à la fin du rang.*

Côtes 4/4

Sur chaque rang, 4 mailles endroit seront alternées avec 4 mailles envers.

Si le nombre de mailles que compte le rang est pair et multiple de 4, on aura ainsi :

*Rang 1 : * 4 m. endr., 4 m. env., rep. depuis * jusqu'à la fin du rang.*

*Rang 2 : * 4 m. env., 4 m. endr., rep. depuis * jusqu'à la fin du rang.*

Point de riz

Sur les rangs pairs, les mailles endroit et les mailles envers sont alternées. Sur les rangs impairs, les mailles endroit et les mailles envers sont alternées à l'inverse.

Si le nombre de mailles que compte le rang est pair, on aura ainsi :

*Rang 1 : * 1 m. endr., 1 m. env., rep. depuis * jusqu'à la fin du rang.*

*Rang 2 : * 1 m. endr., 1 m. env., rep. depuis * jusqu'à la fin du rang.*

Point de toile

Les rangs impairs se tricotent en mailles endroit comme suit : la première maille est tricotée à l'endroit, le fil est passé devant l'ouvrage, la seconde maille est glissée à l'envers et le fil est repassé derrière l'ouvrage.

Les rangs pairs se tricotent en mailles envers comme suit : la première maille est tricotée à l'envers, le fil est passé derrière l'ouvrage, la seconde maille est glissée à l'endroit et le fil est repassé devant l'ouvrage.

On aura ainsi :

*Rang 1 : * 1 m. end., fil dev., 1 m. glis. à l'env., fil derr., rep. depuis * jusqu'à la fin du rang.*

*Rang 2 : * 1 m. env., fil derr., 1 m. glis. à l'endr., fil dev., rep. depuis * jusqu'à la fin du rang.*

Pull bobo

Ce grand pull unisexe se tricote facilement parce qu'il est au point mousse. Tricoté avec un fil luxueux, il serait idéal à porter pour un petit déjeuner très chic avec champagne et croissants. Vous ne trouvez pas ?

FOURNITURES
1 paire d'aiguilles 7
1 aiguille à laine

FIL
10 ou 11 pelotes de 100 g de fil mélangé
(60 % pure laine vierge, 30 % alpaca et 10 % acrylique), coloris écru

ÉCHANTILLON
12 m. x 16 rangs en jersey avec les aiguilles 7 = 10 cm x 10 cm

TAILLE
Pour un tour de poitrine de 92/97/102 cm
Dimensions finales : 112/117/122 cm

RÉALISATION

Dos
Montez 68/70/72 m.

Rang 1 : 1 rang endr. dans l'arrière des m.
Rang 2 : 1 rang env.
Rang 3 : 1 rang endr.
Rang 4 : 1 rang env.
Rang 5 : 1 rang endr.
Rang 6 : 1 rang env.
Ces 6 rangs forment la lisière roulottée qui se trouve en bas du pull.
Tricotez 70/71/72 rangs ou jusqu'à ce que la pièce mesure 37/37,5/38 cm.
Pour obtenir du point mousse, tous les rangs se tricotent à l'endroit.

Dim. 2 m. au début des 2 rangs suiv.
Tricotez 71/72/73 rangs ou jusqu'à ce que la pièce mesure 68,5/69/69,5 cm.
Rabattez les m.

Devant
Montez 68/70/72 m.
Tricotez 1 rang endr. dans l'arrière des m.
Tricotez 5 rangs en jersey.
Tricotez 70/71/72 rangs endr. ou jusqu'à ce que la pièce mesure 37/37,5/38 cm.
Dim. 2 m. au début des 2 rangs suiv.
Tricotez 16 rangs endr.
Tricotez 32/33/34 m. endr.
Tournez et glissez les m. restantes sur une aiguille auxiliaire.
Tricotez 2 rangs endr.
Rang suiv. : tricotez 2 m. endr. ens.
puis toutes les m. endr. jusqu'à la fin du rang.
Poursuivez ainsi en tricotant 2 m. endr. ens. du côté de l'encolure tous les 4 rangs jusqu'à ce que la pièce mesure 68,5/69/69,5 cm.
Rabattez les m.
Attachez le fil à la première m. de l'aiguille auxiliaire du côté de l'encolure.
Tricotez 2 rangs endr.
Rang suiv. : tricotez 2 m. endr. ens.
puis toutes les m. endr. jusqu'à la fin du rang.
Poursuivez ainsi en tricotant 2 m. endr. ens. du côté de l'encolure tous les 4 rangs jusqu'à ce que la pièce mesure 68,5/69/69,5 cm.
Rabattez les m.

Manches
Montez 31/33/35 m.
Tricotez 1 rang endr. dans l'arrière des m.
Tricotez 5 rangs en jersey.
Tricotez 84 rangs ou jusqu'à ce que la pièce mesure

43 cm, en faisant 1 aug. en fin de rang tous les 4 rangs.
Rabattez les m.

Assemblage

Cousez les épaules ensemble.

Cousez les manches après le corps.

Cousez les côtés du pull.

Faites la couture des manches.

Rentrez les extrémités des fils.

Repassez délicatement à la vapeur pour mettre
le pull en forme.

Encolure

1. Sur l'endroit en commençant au niveau de la couture
de l'épaule, relevez et tricotez 21 m. endr.
Ne vous inquiétez pas si vous avez une ou deux m.
de plus ou de moins mais essayez de les espacer
régulièrement.

2. Tricotez 5 rangs en jersey et rabattez les m.

3. Recommencez sur le deuxième côté de l'encolure.

4. Relevez 22 m. à l'encolure sur le dos du pull
et tricotez 5 rangs en jersey. Rabattez les m.

5. Cousez les côtés de l'encolure et rentrez les fils.

Pull à capuche

Ce pull à capuche est très douillet. Il sera idéal à porter en fin
de soirée à la belle saison. Ses lisières texturées ajoutent
un détail intéressant. En effet, les côtes 4/4 sont alternées sur
12 rangs pour créer un effet vannerie. Ce qui est appréciable
quand on tricote avec un fil épais, c'est que l'ouvrage avance
vite ! Mélangez les couleurs vives ou sages et optez pour vos
trois couleurs préférées pour que ce pull s'accorde à toutes
vos tenues. C'est certain, personne n'aura le même !

FOURNITURES
1 paire d'aiguilles 6
1 aiguille circulaire 6 pour la capuche
2 arrête-mailles

FIL
Fil A : laine mérinos épaisse, coloris prune
Fil B : laine mérinos épaisse, coloris sarcelle
Fil C : laine mérinos épaisse, coloris groseille

TAILLE
La taille la plus petite est indiquée en premier dans
les instructions. Les tailles M, L et XL sont entre crochets.

	S 36–38	M 38–40	L 40–42	XL 42–44
Poitrine :	81–86 cm	91–97 cm	102–108 cm	110–115 cm
Largeur :	96 cm	108 cm	114 cm	120 cm
Longeur :	58 cm	60 cm	62 cm	64 cm

FIL
(nombre de pelotes de 50 g)

	S 36–38	M 38–40	L 40–42	XL 42–44
Fil A :	12	13	14	15
Fil B:	8	9	9	10
Fil C:	1	1	1	1

ÉCHANTILLON

14 m. x 19 rangs en jersey avec les aiguilles 6 =
10 cm x 10 cm

RÉALISATION

Dos

Avec le fil B, montez 68 [76/80/84] m.

Rang suiv. : 1 rang endr.

Rang suiv. : avec le fil A, * 4 m. endr., 4 m. env.,
rep. depuis * jusqu'aux 4 dernières m., 4 m. endr.
(Remarque : pour la plus grande taille, il ne restera
pas 4 m. à la fin du rang, donc lisez : « 4 m. endr.,
4 m. env. jusqu'à la fin du rang ».)

Rang suiv. : * 4 m. env., 4 m. endr., rep. depuis * jusqu'aux
4 dernières m., 4 m. env. (Remarque : pour la plus grande
taille, il ne restera pas 4 m. à la fin du rang, donc lisez
« 4 m. env., 4 m. endr. jusqu'à la fin du rang ».)

Rep. ces 2 rangs pour former la première rangée
de vannerie.

Rang suiv. : * 4 m. env., 4 m. endr., rep. depuis * jusqu'aux
4 dernières m., 4 m. env.

Rang suiv. : * 4 m. endr., 4 m. env., rep. depuis * jusqu'aux
4 dernières m., 4 m. endr.

Rep. ces 2 rangs pour former la deuxième rangée
de vannerie.

Rep. la première rangée de vannerie pour former 3 rangées
de vannerie au total.

Rang suiv. : 1 rang endr.

En commençant par 1 rang endr., tricotez en jersey
jusqu'à ce que la pièce mesure 22 [23/34/25] cm.
Finissez par un rang env.

Prenez le fil C.

Tric. 2 rangs endr.

Prenez le fil B.

Tric. 20 rangs en jersey en commençant par 1 rang endr.

Prenez le fil C.

Tric. 2 rangs endr.

Prenez le fil A.

Tric. 2 rangs en jersey en commençant
par 1 rang endr.

Vous avez désormais atteint le niveau de l'emmanchure.

Tric. 2 rangs en jersey, en rabattant 3 [3/4/4] m.
au début de chaque rang.

Tric. 8 rangs en jersey en dim. 1 m. à chaque extrémité
des rangs endr.

(Si vous diminuez l'avant dernière m., la couture sera
plus facile à réaliser et surtout plus nette.)

Après le dernier rang env., vous devez avoir
54 [62/64/68] m. sur l'aiguille de gauche.

Tric. en jersey jusqu'à ce que la pièce mesure
21 [23/23,5/24] cm depuis la diminution.

Finissez par 1 rang env.

L'encolure et l'épaule du premier côté sont formées
comme suit :

Rang suiv. : 22 [26/27/29] m. endr., rab. 10 m. et glissez
les 22 [26/27/29] m. rest. sur un arrête-mailles
(pour l'encolure du second côté).

Rang suiv. : rab. 7 [7/8/8] m. au début du rang
(du côté de l'encolure), m. env. jusqu'à la fin du rang.

Rang suiv. : rab. 6 [7/7/7] m. au début du rang
(du côté des manches), m. endr. jusqu'à la fin du rang.

Rang suiv. : rab. 5 [6/8/8] m. au début du rang,
m. env. jusqu'à la fin du rang.

Rab. les m. rest. et coupez le fil.

L'encolure et l'épaule du second côté sont formées
comme suit :

Glissez les 22 [26/28/29] m. en attente sur une aiguille.

Placez l'env. de l'ouvrage face à vous
(vous devrez peut-être faire passer les m. sur
l'autre aiguille).

Attachez le fil à la première maille de l'aiguille.

Rang suiv. : 1 rang env.

Rang suiv. : rab. 7 [7/7/8] m. au début du rang
(du côté de l'encolure), m. endr. jusqu'à la fin du rang.

Rang suiv. : rab. 6 [7/8/8] m. au début du rang,,
m. env. jusqu'à la fin du rang.

Rang suiv. : rab. 5 [6/8/8] m. au début du rang,
m. endr. jusqu'à la fin du rang.

Rabattez les 4 m. rest. et coupez le fil.

Devant

Suivez les instructions du dos jusqu'aux diminutions
des emmanchures.

Il doit rester 54 [62/66/68] m. sur l'aiguille
et l'ouvrage doit mesurer 14,5 [15,5/16/16,5] cm
depuis la diminution.

Finissez par 1 rang env.

L'encolure du premier côté est formée comme suit :

Rang suiv. : 22 [26/27/29] m. endr., rab. 10 m. et glissez
les 22 [36/37/39] m. restantes sur un arrête-mailles
(pour l'encolure du second côté).

Rang suiv. : rabattez 3 [4/4/5] m. au début du rang
(du côté de l'encolure), m. env. jusqu'à la fin du rang.

Rang suiv. : 1 rang endr.

Rang suiv. : rabattez 2 [2/2/2] m. au début du rang,
m. env. jusqu'à la fin du rang.

Rang suiv. : 1 rang endr.

Tric. 6 rangs en jersey en commençant
par 1 rang env.

Rang suiv. : dim. 1 [1/1/1] m. au début du rang, m. env.
jusqu'à la fin du rang.

L'épaule du premier côté est formée comme suit :

Rang suiv. : rabattez 6 [7/7/8] m. au début du rang
(du côté de la manche), m. endr. jusqu'à la fin du rang.

Rang suiv. : 1 rang env.

Rang suiv. : rabattez 6 [7/7/8] m. au début du rang,
m. endr. jusqu'à la fin du rang.

Rang suiv. : 1 rang env.

Rabattez les m. rest. et coupez le fil.

L'encolure du second côté est formée comme suit :

Glissez les 22 [26/28/29] m. en attente sur une aiguille.

Placez l'env. de l'ouvrage face à vous (vous devrez
peut-être faire passer les m. sur l'autre aiguille).

Attachez le fil à la première maille de l'aiguille.

Rang suiv. : 1 rang env.

Rang suiv. : rabattez 3 [4/4/5] m. au début du rang
(du côté de l'encolure), m. endr. jusqu'à la fin du rang.

Rang suiv. : 1 rang env.

Rang suiv. : rabattez 2 [2/2/2] m. au début du rang,
m. endr. jusqu'à la fin du rang.

Rang suiv. : 1 rang env.

Tric. 6 rangs en jersey en commençant par 1 rang endr.

Rang suiv. : dim. 1 [1/1/1] m. au début du rang,
m. endr. jusqu'à la fin du rang.

L'épaule du second côté est formée comme suit :

Rang suiv. : rabattez 6 [7/7/8] m. au début du rang
(du côté de la manche), m. env. jusqu'à la fin du rang.

Rang suiv. : 1 rang endr.

Rang suiv. : rabattez 6 [7/7/8] m. au début du rang,
m. env. jusqu'à la fin du rang.

Rang suiv. : 1 rang endr.

Rabattez les m. rest. et coupez le fil.

Manches (deux identiques)

Avec fil B, montez 36 [36/38/38] m.

Tric. 1 rang endr.

Prenez le fil A.

Tric. 3 rangées de vanneries identiques à celles du dos
en augmentant 1 m. à la fin des rangs 4, 8 et 12.

(Pour les deux grandes tailles, si vous voulez que les carrés
alternés se correspondent aux coutures, commencez le motif
par 1 m. env. puis continuez la rep. * 4 m. endr., 4 m. env. *
jusqu'à la fin en finissant par 4 m. endr. et 2 m. env.)

Rang suiv. : 1 rang endr.

En commençant par 1 rang endr., tricotez en jersey
en augmentant 1 m. à chaque extrémité du 2ᵉ rang [7/0/4]
et tous les 5 [5/6/5] rangs jusqu'à ce que l'ouvrage mesure
35 [37,5/39/40] cm depuis la lisière du bas.

Finissez par 1 rang env.

Prenez le fil C.

Rang suiv. : 1 rang env.

Rang suiv. : 1 rang endr.

Prenez le fil B.

Tric. 20 rangs en jersey en commençant par
un rang endroit et en continuant les augmentations
tous les 5 [5/6/5] rangs (arrêtez les augmentations
lorsque vous aurez 70 [72/74/76] m. sur l'aiguille).

Prenez le fil C.

Rang suiv. : 1 rang env.

Rang suiv. : 1 rang endr.

Prenez le fil A.

Tric. 2 rangs en jersey en commençant par 1 rang endr.

L'emmanchure est formée comme suit :

Tric. 2 rangs en rabattant 4 m. au début de chaque rang.

Tric. 24 [24/26/26] rangs en diminuant 1 m. à chaque
extrémité des rangs endr. uniquement.

Tric. 4 rangs en rabattant 3 [4/4/5] m. au début de chaque rang.

Tric. 2 rangs en rabattant 5 [5/5/5] m. au début de chaque rang.

Rabattez les m. restantes et cousez les épaules ensemble.

Capuche

Avec le fil A et l'aiguille circulaire, relevez 68 [72/78/82] m.
espacées régulièrement sur l'encolure. Placez un marqueur
sur le milieu du devant.

Tric. en rond 2 rangs endr.

Rang suiv. : 4 [6/9/11] m. endr., 1 augm., * 6 m. endr., 1 augm. *,
rep. de * à * jusqu'aux 4 [6/9/11] m. rest., m. endr. jusqu'à la fin.

Prenez le fil B.

Tric. 4 rangs en jersey en rond en faisant 12 m. env. au milieu
du devant pour obtenir du jersey envers.

Rang suiv. : tournez l'ouvrage et tric. en rond en sens inverse
pour former une ouverture au centre, en tricotant toujours
les 12 m. du milieu en jersey env.

Tric. 78 [78/80/80] rangs ou jusqu'à ce que l'ouvrage mesure
40 [40/41/41] cm depuis l'encolure, en conservant l'ouverture
et le jersey envers sur les 12 m. du milieu.

Répartissez les m. entre les 2 aiguilles pour avoir le devant
de la capuche (à l'endroit) à la pointe des aiguilles.

Prenez une troisième aiguille de la même taille si possible.

Pour obtenir une jointure nette, rabattez les m. comme suit :

Tenez les 2 aiguilles pleines de la main gauche.

Insérez la troisième aiguille que vous tenez dans la main droite
dans la première m. des 2 aiguilles comme pour une m. endr.
Tricotez les 2 m. ens.

Rep. l'opération et faites passer la première m. que vous avez
faite par-dessus la dernière que vous venez de faire, comme
pour rabattre des m. normalement.

Rep. jusqu'à la fin et arrêtez le fil en le passant dans
la dernière m.

En fonction du fil utilisé, mettez l'ouvrage en forme et faites
les coutures.

PETIT RAPPEL…

**Pour faire de jolies diminutions en inclinant le point
vers la gauche en début de rang, faites un surjet simple :
« 1 surj. ».**

Sur un rang endroit, faites glisser une maille sur l'aiguille
droite, tricotez la maille suivante à l'endroit, puis faites
passer la maille glissée par dessus la maille endroit, comme
lorsqu'on rabat une maille.

Sur un rang envers, faites glisser une maille sur l'aiguille
droite, tricotez la maille suivante à l'envers, puis faites
passer la maille glissée par dessus la maille envers, comme
lorsqu'on rabat une maille.

**Pour faire de jolies diminutions en inclinant le point
vers la droite en fin de rang, tricotez deux mailles
ensemble : « 2 m. ens. ».**

Sur un rang endroit, piquez deux mailles ensemble, comme
lorsque vous piquez une maille pour la tricoter à l'endroit,
et tricotez ces deux mailles ensemble.

Sur un rang envers, piquez deux mailles ensemble, comme
lorsque vous piquez une maille pour la tricoter à l'envers,
et tricotez ces deux mailles ensemble.

Cardigan en alpaga

Ce joli cardigan conservera bien sa forme grâce
à ses lisières tricotées au point de riz.
Si vous choisissez un fil mélangé alpaca et soie
(80 % d'alpaga, 20 % soie), il sera très sensuel
et agréable à porter. Accentuez son effet luxueux
et romantique en cousant un large ruban de satin
pour le fermer.

FOURNITURES

1 paire d'aiguilles 4,5
1 arrête-mailles
1 compte-rangs (facultatif)

FIL

Fil mélangé 80 % alpaga, 20 % soie,
coloris corail

RUBAN

2 m de ruban de satin de 4 cm de large,
couleur corail

TAILLES

La taille la plus petite est indiquée en premier
dans les instructions, suivie par les tailles M, L et XL
qui sont entre crochets.

	S 36-38	M 38-40	L 40-42	XL 42-44
Poitrine :	81-86 cm	91-97 cm	102-108 cm	110-115 cm
Largeur :	92 cm	108 cm	114 cm	120 cm
Longueur :	56 cm	60 cm	62 cm	64 cm

FIL

(nombre de pelotes de 50 g)

	S 36-38	M 38-40	L 40-42	XL 42-44
	13	16	19	21

ÉCHANTILLON

18 m. x 24 rangs en jersey avec les aiguilles 4,5 =
10 cm x 10 cm

RÉALISATION

Remarque : si vous pouvez effectuer vos augmentations
et diminutions une maille avant la lisière, vous obtiendrez
une finition plus nette et l'assemblage en sera plus facile
(*voir* page 57).
La forme de l'encolure est réalisée en tricotant la lisière
au point de riz.

Dos

Montez 82 [96/104/110] m.
Tric. la lisière au point de riz comme suit :
Rang 1 : * 1 m. endr., 1 m. env. *, rep. de * à * jusqu'à la fin
du rang.
Rang 2 : * 1 m. env., 1 m. endr. *, rep. de * à * jusqu'à la fin
du rang.
Rep. ces 2 rangs sur 8 rangs au total.

Tric. 2 rangs en jersey en faisant 1 dim. à chaque extrémité
du 2ᵉ rang.
Tric. 20 rangs en jersey en faisant 1 dim. à chaque extrémité
tous les 10 rangs.

Tric. 10 rangs en jersey en faisant 1 aug. à chaque extrémité
du 10ᵉ rang.
Tric. 32 [36/38/42] rangs en jersey en faisant 1 aug.
à chaque extrémité tous les 13 [16/17/18] rangs.

Les emmanchures sont formées comme suit :
Tric. 2 rangs en rabattant 3 [4/5/5/] m. au début
de chaque rang.
Tric. 1 [1/3/6] rangs en faisant 1 dim. à chaque
extrémité du rang.
Tric. 14 [16/16/12] rangs en faisant 1 dim. à chaque
extrémité tous les 2 rangs.

Tric. en jersey pour obtenir 116 [126/130/134] rangs
ou jusqu'à ce que l'ouvrage mesure 51 [57/ 57,5/58,5] cm
depuis le bas, sans augm. ni dim.
Finissez sur un rang env.

L'encolure et les épaules du premier côté sont formées
comme suit :
Rang suiv. : 27 [28/29/30] m. endr., rab. les m. centrales
et placez les 27 [28/29/30] m. rest. sur un arrête-mailles.
Rang suiv. : tournez l'ouvrage et rab. 4 [4/4/5] m.
(du côté de l'encolure), m. env. jusqu'à la fin du rang.
Rang suiv. : m. endr. jusqu' aux 2 dernières m.,
2 m. endr. ens.
Rang suiv. : rab. 2 [3/4/3] m., m. env. jusqu'à la fin
du rang.
Rang suiv. : rab. 4 [3/3/4] m. (du côté de l'épaule),
m. endr. jusqu'aux 2 dernières m., 2 m. endr. ens.
(du côté de l'encolure).
Rang suiv. : rab. 1 [0/0/0] m., m. env. jusqu'aux 2 dernières m.,
2 m. env. ens.
Rang suiv. : rab. 3 [3/4/3] m., m. endr. jusqu'aux 2 dernières m.,
2 m. endr. ens.
Rang suiv. : m. env. jusqu'aux 2 dernières m., 2 m. env. ens.
Rang suiv. : rab. 4 [3/3/3] m., m. endr. jusqu'à la fin du rang.
Rang suiv. : m. env. jusqu'aux 2 dernières m., 2 m. env. ens.
Rab. les m. rest.

L'encolure et les épaules du second côté sont formées
comme suit :
Glissez les 27 [28/29/30] m. en attente sur une aiguille.
Placez l'env. de l'ouvrage face à vous
(vous devrez peut-être faire passer les m. sur
l'autre aiguille).
Attachez le fil à la première maille de l'aiguille.
Rang suiv. : 1 rang env.
Rang suiv. : rab. 4 [4/4/5] m. (du côté de l'encolure),
m. endr. jusqu'à la fin du rang.
Rang suiv. : m. env. jusqu'aux 2 dernières m., 2 m. env. ens.

Rang suiv. : rab. 2 [3/4/3] m., m. endr. jusqu'à la fin
du rang.
Rang suiv. : rab. 4 [3/3/4] m. (du côté de l'épaule),
m. env. jusqu'aux 2 dernières m., 2 m. env. ens.
(du côté de l'encolure).
Rang suiv. : rab. 1 [0/0/0] m., m. endr. jusqu'aux 2 dernières m.,
2 m. endr. ens.
Rang suiv. : rab. 3 [3/4/3] m., m. env. jusqu'aux 2 dernières m.,
2 m. env. ens.
Rang suiv. : m. endr. jusqu'aux 2 dernières m., 2 m. endr. ens.
Rang suiv. : rab. 4 [3/3/3] m., m. env. jusqu'à la fin
du rang.
Rang suiv. : m. endr. jusqu'aux 2 dernières m., 2 m. endr. ens.
Rab. les m. rest.

Réalisation du devant gauche

Diminutions A (diminutions sur le côté)

Rang endr. : 1 m. endr., 1 surj. (*voir* page 57),
m. endr. jusqu'aux 4 dernières m.,
1 m. endr., 1 m. env., 1 m. endr., 1 m. env.

Rang env. : 1 m. env., 1 m. endr., 1 m. env., 1 m. endr.,
m. env. jusqu'aux 3 dernières m.,
2 m. env. ens., (*voir* page 57), 1 m. env.

Diminution B (diminutions sur l'encolure)

Rang endr. : m. endr. jusqu'aux 6 dernières m.,
2 m. endr. ens., 1 m. endr., 1 m. env., 1 m. endr., 1 m. env.

Rang env. : 1 m. env., 1 m. endr., 1 m. env., 1 m. endr.,
1 surj., m. env. jusqu'à la fin du rang.

Montez 40 [48/52/54] m. et tric. 8 rangs au point de riz
comme pour le dos.

Tric. 2 rangs avec lisière en faisant 1 dim. A au 2ᵉ rang.

Tric. 20 [20/24/20] rangs avec lisière en faisant 1 dim. A
tous les 10 [10/8/10] rangs.

Tric. 10 [10/6/10] rangs avec lisière en faisant 1 aug. sur le côté
au dernier rang.

L'encolure en V du premier côté est formée comme suit :

Tric. 1 rang avec lisière en faisant 1 dim. B.

Tric. 18 [18/38/42] rangs avec lisière en faisant 1 dim. B
tous les 6 [6/7/6] rangs et 1 aug. sur le côté tous
les 9 [15/11/17] rangs.

Remarque : pour les tailles L et XL, tric. 3 rangs sans aug. ni
dim., sautez les instructions suiv. pour former l'emmanchure.

Tric. 14 [18/0/0] rangs avec lisière en faisant 1 dim. B
tous les 6 [7/0/0] rangs et 1 aug. sur le côté tous
les 9 [15/0/0] rangs.

L'emmanchure est formée comme suit :

Tric. tous les rangs avec lisière en faisant 1 dim. B
tous les 7 [7/7/6] rangs.

Tric. 1 rang en rabattant 3 [3/5/5] m. du côté
de l'emmanchure.

Tric. 1 [1/3/6] rangs en faisant 1 dim. A
tous les 2 rangs du côté de l'emmanchure.

Tric. 14 [16/18/12] rangs en faisant 1 dim. A
tous les 2 rangs du côté de l'emmanchure.

Tric. 34 [36/36/38] rangs avec lisière en faisant
1 dim. B tous les 7 [7/7/6] rangs,
sans dim. du côté de l'emmanchure.

L'épaule est formée comme suit :

Rang suiv. : 1 rang avec lisière en rabattant 4 [4/4/5] m.
du côté de l'épaule.

Rang suiv. : 1 rang avec lisière.

Rang suiv. : 1 rang avec lisière en rabattant 4 [4/4/5] m.
du côté de l'épaule.

Rang suiv. : 1 rang avec lisière.

Rang suiv. : 1 rang avec lisière en rabattant 5 [5/5/5] m.
du côté de l'épaule.

Rang suiv. : 1 rang avec lisière.

Rang suiv. : rab. les m. rest.

Réalisation du devant droit

Diminution A (diminution sur le côté)

Rang endr. : 1 m. endr., 1 m. env., 1 m. endr.,
1 m. env., m. endr. jusqu'aux 3 dernières m.,
2 m. endr. ens. (*voir* page 57), 1 m endr.

Rang env. : 1 m. env., 1 surj. (*voir* page 57),
m. env. jusqu'aux 4 dernières m., 1 m. env.,
1 m. endr., 1 m. env., 1 m. endr.

Diminution B (diminution sur l'encolure)

Rang endr. : 1 m. endr., 1 m. env., 1 m. endr., 1 m. env.,
1 surj., m. endr. jusqu'à la fin du rang.

Rang env. : m. env. jusqu'aux 6 dernières m., 2 m. env. ens.,
1 m. env., 1 m. endr., 1 m. env., 1 m. endr.

Montez 40 [48/52/54] m. et tric. 8 rangs au point de riz
comme pour le dos.

Tric. 2 rangs avec lisière en faisant 1 dim. A
au 2ᵉ rang.

Tric. 20 [20/24/20] rangs avec lisière en faisant 1 dim. A
tous les 10 [10/8/10] rangs.

Tric. 10 [10/6/10] rangs avec lisière en faisant 1 aug. sur le côté
au dernier rang.

L'encolure en V du premier côté est formée comme suit :

Tric. 1 rang avec lisière en faisant 1 dim. B.

Tric. 18 [18/38/42] rangs avec lisière en faisant 1 dim. B
tous les 6 [6/7/6] rangs et 1 aug. sur le côté tous
les 9 [15/11/17] rangs.

Remarque : pour les tailles L et XL, tric. 3 rangs sans aug. ni
dim., sautez les instructions suiv. pour former l'emmanchure.

Tric. 14 [18/0/0] rangs avec lisière en faisant 1 dim. B
tous les 6 [7/0/0] rangs et 1 aug. sur le côté tous
les 9 [15/0/0] rangs.

L'emmanchure est formée comme suit :

Tric. tous les rangs avec lisière en faisant 1 dim. B
tous les 7 [7/7/6] rangs.

Tric. 1 rang en rabattant 3 [3/5/5] m. du côté
de l'emmanchure.

Tric. 1 [1/3/6] rangs en faisant 1 dim. A
tous les 2 rangs du côté de l'emmanchure.

Tric. 14 [16/18/12] rangs en faisant 1 dim. A
tous les 2 rangs du côté de l'emmanchure.

Tric. 34 [36/36/38] rangs avec lisière en faisant
1 dim. B tous les 7 [7/7/6] rangs,
sans dim. du côté de l'emmanchure.

L'épaule est formée comme suit :

Rang suiv. : 1 rang avec lisière en rabattant 4 [4/4/5] m.
du côté de l'épaule.

Rang suiv. : 1 rang avec lisière.

Rang suiv. : 1 rang avec lisière en rabattant 4 [4/4/5] m.
du côté de l'épaule.

Rang suiv. : 1 rang avec lisière.

Rang suiv. : 1 rang avec lisière en rabattant 5 [5/5/5] m.
du côté de l'épaule.

Rang suiv. : 1 rang avec lisière.

Rang suiv. : rab. les m. rest.

Manches

Montez 42 [46/48/50] m. et tric. 8 rangs au point de riz.

Tric. 1 rang endr. en faisant 1 aug. à chaque extrémité
du rang.

Tric. 91 [93/30/72] rangs en jersey en faisant 1 aug.
à chaque extrémité tous les 8 [7/6/6] rangs.

Tric. 0 [0/63/23] rangs en jersey en faisant 1 aug.
de chaque côté tous les 0 [0/7/7] rangs jusqu'à
ce que la pièce mesure 43,5 [45/45/45] cm depuis
la lisière.

Finissez sur un rang env.

Rang suiv. : rab. 4 [3/3/4] m. au début du rang, m. endr.
jusqu'à la fin du rang.

Rang suiv. : rab. 4 [3/3/4] m. au début du rang, m. env.
jusqu'à la fin du rang.

Tric. 4 [7/8/7] rangs en jersey en faisant 1 dim.
à chaque extrémité de tous les rangs.

Tric. 6 [9/12/16] rangs en jersey en faisant 1 dim.
à chaque extrémité de tous les 3 [3/3/4] rangs.

Tric. 18 [12/10/9] rangs en jersey en faisant 1 dim.
à chaque extrémité tous les 2 [2/2/3] rangs.

Tric. 3 [6/6/7] rangs en jersey en faisant 1 dim.
à chaque extrémité de chaque rang.

Rab. les m. rest. et marquez le milieu du haut
de la manche (environ 20 [22/24/26] m.
au rang 134 [138/140/142]).

Assemblage

1. Mettez soigneusement l'ouvrage en forme puisque
   le point de riz a tendance à roulotter. Pour vous
   faciliter la tâche au moment de coudre, alignez
   les diminutions en même temps.

2. Pour coudre le cardigan, utilisez le fil avec lequel
   vous avez tricoté. Cousez d'abord les épaules
   à l'aide de points invisibles de préférence
   (*voir* page 41).

3. Insérez les manches en faisant correspondre
   le milieu de la manche avec la couture de l'épaule.
   Cousez-les au point invisible.

4. Cousez les côtés et le dessous des manches au point
   invisible en faisant correspondre les diminutions
   pour obtenir un résultat très professionnel.

5. Enfin, rentrez les fils qui dépassent et cousez
   les rubans au niveau du bas des diminutions
   sur les devants du cardigan.

Mitaines à poche

Ces jolies petites mitaines ornées d'une poche sont d'une simplicité enfantine à tricoter. Si vous savez monter et rabattre des mailles, tricoter des côtes et faire des augmentations simples, vous n'aurez aucun problème pour les réaliser.

FOURNITURES

1 paire d'aiguilles 4
1 paire d'aiguilles 4,5
2 boutons
1 crochet

FIL

Fil A : 1 x 50 g de fil mélangé mérinos/microfibre/cashmere (90 m par pelote de 50 g), coloris vert

Fil B : 1 x 50 g de fil mélangé mérinos/microfibre/cashmere (90 m par pelote de 50 g), coloris jaune

Fil C : 1 x 50 g de fil mélangé mérinos/microfibre/cashmere (90 m par pelote de 50 g), coloris orange brûlée

ÉCHANTILLON

18 m. x 24 rangs avec les aiguilles 4,5 = 10 cm x 10 cm

RÉALISATION

Avec les aiguilles 4 et le fil B, montez 36 m.,
de préférence avec la technique du pouce et 2 fils.

Technique du pouce et 2 fils

Cette technique où le pouce remplace une autre aiguille permet de monter un rang de mailles très élastique qui convient particulièrement aux lisières en côtes.
Laissez une extrémité de fil 3 fois aussi longue que le tour du poignet et glissez un nœud coulant sur l'aiguille droite.

1. Tenez l'aiguille de la main droite et l'extrémité du fil dans la main gauche en laissant environ 10 cm entre votre main et l'aiguille de droite.
2. Placez votre pouce gauche au-dessus du fil tendu et décrivez un cercle dans le sens inverse des aiguilles d'une montre avec le pouce pour y enrouler le fil.

3. Glissez l'aiguille droite dans la boucle et procédez comme pour tricoter une maille endroit.
4. Faites glisser la boucle de votre pouce comme pour terminer la maille. Tirez sur les extrémités du fil pour resserrer la maille et recommencez autant de fois que nécessaire.

Pendant que vous tricotez ces mitaines, vérifiez les dimensions en posant votre main dessus.
Si vous devez les allonger, ajoutez la moitié des rangs que vous aurez décidé d'ajouter dans la section suivant les augmentations du pouce et l'autre moitié dans la section suivant le trou du pouce.

Mitaine droite

Tricotez 18 rangs en côtes 1/1 (1 m. endr, 1 m. env.).
Prenez les aiguilles 4,5 et le fil A.
Tricotez 2 rangs en jersey.
** Continuez en jersey comme suit : * 1 aug. dans la troisième m. avant la fin du rang suiv. en tricotant l'avant puis l'arrière de la m. (*voir* page 29),
(37 m. sur l'aiguille).
Rang suiv. : 1 rang env. *
Rep. de * à * pour obtenir 42 m.
Vous avez terminé les augmentations pour le pouce.
Tricotez 14 rangs en jersey.

Rab. 14 m. à la fin du rang et coupez le fil.
Sur l'aiguille libre et avec un autre fil A, montez 10 m. et continuez à travailler les m. env. sur l'autre aiguille en prenant l'extrémité du fil coupé avec le nouveau fil sur quelques m. (38 m. sur l'aiguille).
Tricotez 2 rangs en jersey.
Prenez le fil B.
Tricotez 4 rangs en jersey.
Prenez les aiguilles 4.
Tricotez 4 rangs en côtes 1/1.
Rab. les m.

Mitaine gauche

Tricotez-la comme la mitaine droite en inversant
les instructions à partir de **.

Petite poche

Avec les aiguilles 4 et le fil C, relevez 9 m.
sur le 10e rang depuis les côtes du poignet
et à partir de la 6e m. depuis l'emplacement du pouce.
(Pour cela, tenez l'endroit de l'ouvrage face à vous
et une aiguille dans la main droite. Le fil doit être
derrière l'ouvrage. Piquez l'aiguille au centre de la m.
existante et enroulez le fil autour de l'aiguille comme
pour la tricoter à l'endroit pour obtenir une nouvelle
maille sur l'aiguille). Après avoir terminé ce rang, le fil
sera toujours derrière l'ouvrage. Coupez-le et tricotez
avec un nouveau fil.
Vous pouvez changer la position en fonction de la taille
que vous souhaitez obtenir pour la poche.

Rang suiv. : 1 rang endr. dans l'arrière des m.
Rang suiv. : 1 rang env.
Tricotez encore 8 rangs en jersey.
Rab. les m.
La pochette sera ainsi présentée sur l'envers
(l'endroit sera contre la mitaine).

Rabat de la poche

Ce rabat nécessite une série d'augmentations
et de diminutions pour former ses bords en pointe.
Il finit bien la poche, mais si vous ne trouvez pas
la pointe indispensable, tricotez simplement un rabat
droit sur 6 rangs, rabattez les mailles et faites une bride
comme indiqué.
Vous pourrez vous entraîner aux augmentations
et diminutions une prochaine fois !

Trouvez le rang qui se situe 2 rangs au-dessus de la lisière
supérieure de la poche.

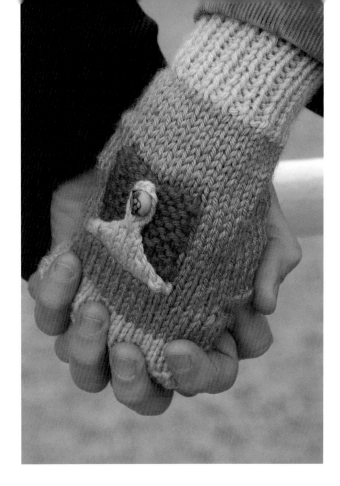

Avec le fil A, relevez 11 m. comme pour la poche
en commençant 1 m. avant la position de la poche.
Coupez le fil et changez de fil.
Rang suiv. : 1 rang env. dans l'arrière des m.
Rang suiv. : 1 rang endr.
Tricotez 6 rangs en jersey en faisant 1 dim.
à chaque extrémité pour obtenir 3 m. sur l'aiguille.
Rab. les m.

À l'aide d'un crochet, faites une chaînette pour former
la bride du rabat.

Faites la couture du pouce à l'aide de points invisibles
en utilisant si possible les extrémités des fils qui dépassent.
Rentrez tous les fils.
Marquez les jointures des doigts et cousez-les
ensemble ou faites une chaînette au crochet à l'aide
du fil jaune.

Enfin, cousez les côtés des poches et les boutons pour
y fixer les rabats des poches.

Poncho

Ne vous fiez pas aux apparences : ce poncho luxueux est très léger et il vous tiendra chaud. C'est le mélange de deux qualités de fil qui donne de la matière au poncho. Vous pourrez aussi tricoter ce modèle à porter en écharpe.

FOURNITURES

1 paire d'aiguilles 10
Environ 2 m de ruban de 4 cm de large

FIL

Fil A : 3 pelotes de 100 g de fil pure laine
(30 m par pelote de 100 g), coloris rose bonbon
Fil B : 1 pelote de 50 g de fil 100 % coton
(85 m par pelote de 50 g), coloris framboise

RÉALISATION

Montez 20 m. avec le fil A.
Tricotez 4 rangs en jersey et coupez le fil.

Prenez le fil B et tricotez 4 rangs en jersey. Coupez le fil.
Prenez le fil A et tricotez 4 rangs en jersey.
Alternez les fils tous les 4 rangs jusqu'à compter 28 rangs ou 7 bandes en fil A.
Rab. les m.

Tricotez une autre pièce à l'identique.

Assemblage

1   Cousez les 2 pièces ensemble en laissant une ouverture centrale de 25 cm environ pour passer la tête.
2   Pour les franges, coupez environ 100 longueurs de fil A de 25 cm.
3   Disposez les franges autour du poncho tous les 5 à 6 cm environ puis attachez-les.

Faufilez le ruban au niveau de l'ouverture de la tête.

Bob estival

Tricoté en coton, ce bonnet sera confortable et agréable
à porter sur la plage ou pendant une belle journée ensoleillée.
Sa souplesse permet de le fourrer dans un sac et il suffit
de le défroisser à la main pour qu'il retrouve sa forme
d'origine. Amusez-vous à créer des rayures de tailles différentes
et choisissez des couleurs qui s'accorderont à votre
garde-robe. Couleurs sages ou toniques, à vous de choisir !

FOURNITURES
1 paire d'aiguilles 4
1 compte-rangs (facultatif)

FIL
1 pelote de 50 g de fil 100 % coton
(85 m par pelote de 50 g)
dans les coloris suivants :
Fil A : turquoise
Fil B : bouton d'or
Fil C : mangue

TAILLE
Taille unique, pour un tour de tête de 55 à 58 cm.

ÉCHANTILLON
20 m. x 30 rangs en jersey avec les aiguilles 4 =
10 cm x 10 cm

ABRÉVIATIONS
Fil dev. : fil devant l'aiguille
Fil derr. : fil derrière l'aiguille
1 m. glissée : faites glisser 1 m. de l'aiguille
de gauche sur l'aiguille de droite sans la tricoter

RÉALISATION
Montez 115 m. avec le fil A.
Tricotez 8 rangs en jersey en finissant par 1 rang env.
Prenez le fil C et tricotez 2 rangs au point mousse.

Prenez le fil B et tricotez 8 rangs en jersey en commençant
par un rang endr.
Prenez le fil A.
Tricotez 30 rangs en point de toile comme suit :
Rang 1 : * 1 m. endr., fil dev, 1 m. glissée à l'env., fil der.
Rep. depuis * jusqu'à la dernière m., 1 m. endr.
Rang 2 : 1 m. env., * 1 m. env., fil derr., 1 m. glissée
à l'endr., fil dev. Rep. depuis * jusqu'aux 2 dernières m.,
2 m. env.
Le point de toile réduit l'élasticité de l'ouvrage
pour qu'il tienne bien sur la tête tout en ajoutant
de la matière.

Rang suiv. : 1 rang endr., 1 aug. à la fin du rang.
Tricotez 7 rangs en jersey en faisant 1 aug. à chaque
extrémité du premier rang (118 m.).
Prenez le fil B et tricotez 7 rangs en jersey en finissant
par 1 rang env.
Prenez le fil C et tricotez 5 rangs au point mousse.

Rang suiv. : toutes les 4 m., tricotez la m. endroit en attrapant la boucle de la m. en fil B qui se trouve directement sous la m. à travailler. Cette opération formera un bourrelet dans l'ouvrage pour former la base du fond du bonnet.

Prenez le fil A et tricotez 1 rang endr.

Placez un premier marqueur après 13 m., puis 4 autres marqueurs entre chaque bloc de 23 m. (il restera 13 m. à la fin du rang).

Formation du fond du bob
Tricotez uniquement en jersey.
Rang suiv. : * 1 rang env. en réalisant 1 dim. de chaque côté des marqueurs
(*voir* page 57).
Rang suiv. : 1 rang endr.
Rang suiv. : 1 rang env.
Rang suiv. : 1 rang endr. en réalisant 1 dim. de chaque côté des marqueurs.
Rang suiv. : 1 rang env.
Rang suiv. : 1 rang endr. en réalisant 1 dim. de chaque côté des marqueurs.
Rang suiv. : 1 rang env.
Rang suiv. : 1 rang endr.
Rang suiv. : 1 rang env. en réalisant 1 dim. de chaque côté des marqueurs.
Rang suiv. : 1 rang endr. *
Rep. de * à *.
Rang suiv. : 1 rang env.
Rang suiv. : 1 rang endr. en réalisant 1 dim. de chaque côté des marqueurs.
Rang suiv. : 1 rang env.
Rang suiv. : 1 rang endr. en réalisant 1 dim. de chaque côté des marqueurs.
Rang suiv. : 1 rang env.
Rang suiv. : 1 rang endr. en réalisant 1 dim. de chaque côté des marqueurs.

Rang suiv. : passez le fil à travers les 8 m. rest.

Faites les coutures à l'aide d'un fil de la même couleur, rassemblez les 6 dernières m. en pointe et rentrez les extrémités des fils.

Mettez le bob en forme en le disposant sur une forme cylindrique.

Mini-bikini

Ce bikini minimaliste plaira assurément à celles qui osent montrer leur corps ! Le petit deux-pièces peut concurrencer en toute confiance les derniers modèles de bikinis et le haut peut se porter seul avec un short pour un look sportif. Deux tailles sont indiquées : S et M, les instructions pour la dernière se trouvant entre crochets.

FOURNITURES

1 paire d'aiguilles 4,5
1 paire d'aiguilles 3

FIL

Fil A : 1 pelote de 50 g 100 % coton (85 m par pelote de 50 g), coloris céleri (pour la bordure)
Fil B : 2 pelotes de 50 g 100 % coton (85 m par pelote de 50 g), coloris fuchsia (couleur principale)
Fil C : 1 pelote de 50 g 100 % coton (85 m par pelote de 50 g), coloris mangue (pour les fleurs)

ÉCHANTILLON

20 m. x 28 rangs avec les aiguilles 4,5 = 10 cm x 10 cm

ABRÉVIATIONS

2 m. endr. ens. : deux mailles endroit ensemble
2 m. endr. ens. AR : deux mailles endroit ensemble en piquant dans le brin arrière

RÉALISATION

Haut du bikini

Montez 35 [39] m. avec le fil A
et les aiguilles 4,5.
Rang 1 : prenez le fil B et tric. 1 rang endr.
en piquant dans le brin arrière des mailles.
Rang 2 : 1 rang env.
Commencez le motif après avoir tricoté 6 m.
dans la couleur principale. Suivez la grille (page ci-contre)
en respectant les instructions suivantes :

Rang suiv. : 15 [17] m. endr., 2 m. endr. ens. AR, 1 m. endr., 2 m. endr. ens., 15 [17] m. endr.
Rang suiv. : 1 rang env.
Rang suiv. : 14 [16] m. endr., 2 m. endr. ens. AR, 1 m. endr., 2 m. endr. ens., 14 [16] m. endr.
Rang suiv. : 1 rang env.
Rang suiv. : 12 [14] m. endr., 2 fs 2 m. endr. ens. AR, 1 m. endr., 2 fs 2m. endr. ens., 12 [14] m. endr.
Rang suiv. : 1 rang env.
Rep. ces 6 derniers rangs plusieurs fois pour obtenir 3 m.

Transférer les m. rest. sur les aiguilles 3 pour tricoter les liens dans la couleur principale.
Rang suiv. : 3 m. endr.
Rang suiv. : 3m. env.

Continuez ainsi jusqu'à ce que le lien mesure environ
29 cm. Rab. les m.

Tric. une autre pièce à l'identique.

Ajoutez maintenant la bordure.
Prenez les aiguilles 3 et le fil A.
Avec l'endroit face à vous, relevez les m. de la bordure
d'un des bonnets.
Tricotez-les à l'endroit et rab. les m.
Rep. l'opération avec le second bonnet.

Relevez 3 m. au coin inférieur gauche du bonnet droit
et tricotez ces 3 m. endr. pour obtenir un lien de 6 cm.
Rab. les m.
Cousez le lien au coin opposé du bonnet gauche.
Relevez 3 m. au coin inférieur droit du bonnet droit
et tricotez ces 3 m. endr. pour obtenir un lien de 50 cm.
Rab. les m. et rep. l'opération avec le second bonnet.

Bas du bikini

Montez 28 [32] m. avec les aiguilles 4,5 et le fil A.
Rang 1 : prenez le fil B et tric. 1 rang endr. dans le brin
arrière des m.
Rang 2 : 1 rang env.
Commencez le motif après avoir tricoté 6 m.
dans la couleur principale. Suivez la grille (ci-contre)
en respectant les instructions suivantes :
Rang suiv. : 2 m. endr. ens., m. endr. jusqu'aux 2 dernières
m., 2 m. endr. ens.
Rang suiv. : 1 rang env.
Tric. en jersey en faisant 2 dim. tous les 5 rangs (14 m. rest.).
Tric. en jersey en faisant 2 dim. tous les 3 rangs (10 m. rest.).
Tric. 4 rangs en jersey.
Rang suiv. : 1 aug., m. endr. jusqu'à la dernière m., 1 aug.
Tric. en jersey en faisant 2 aug. tous les 4 rangs (22 m. rest.).
Tric. en jersey en faisant 2 aug. tous les 3 rangs (50 [54] m rest.).

Rab. les m. avec le fil A.
Prenez les aiguilles 3 et relevez les m. sur l'un des côtés
de la culotte sur l'endroit.
Rang suiv. : 1 rang endr.
Rab. les m.
Rep. l'opération sur l'autre côté de la culotte.

Sur l'endroit du maillot, relevez 3 m. à un des coin.
Tricotez ces 3 m. pour obtenir un lien de 32 cm.
Rab. les m.
Rep. l'opération sur les autres coins pour former
les 4 liens du maillot.

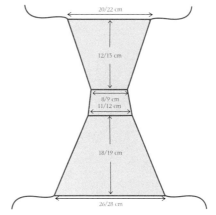

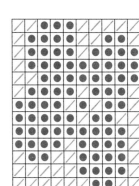

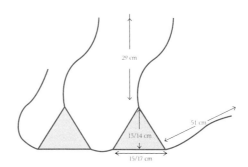

MOTIF

Étui à portable ou iPod

Cet étui à portable ou iPod constitue un cadeau idéal
à offrir et, par la même occasion, pour prouver
vos talents de tricoteuse. Combinez les couleurs en fonction
de vos goûts. Pour l'étui à motif, le cœur a été tricoté
avec un fil plus épais pour le faire ressortir. Vous pouvez
également choisir un fil multicolore qui formera des motifs
au hasard. Laissez libre cours à votre imagination pour
composer les rayures. La seule contrainte est de respecter
la taille des aiguilles recommandée.

FOURNITURES

1 paire d'aiguilles 4 (pour l'étui à motif)
1 paire d'aiguilles 3,5 (pour l'étui à rayures)
Tissu pour la doublure
1 bouton pression
1 bouton

FIL

Étui à cœur

Fil A : 1 pelote de 50 g 50 % laine 50 % coton
(environ 113 m par pelote), coloris vert anis
Fil B : 1 pelote de 50 g mélange
mérinos/microfibre/cashmere (90 m par pelote),
coloris fuchsia

Étui à rayures

1 pelote de fil multicolore à chaussettes
(100 m par pelote de 50 g)

ÉCHANTILLON

22 m. x 24 rangs avec les aiguilles 4 = 10 cm x 10 cm
(fil mélangé laine et coton)
26 m. x 32 rangs avec les aiguilles 3,5 = 10 cm x 10 cm
(fil multicolore à chaussettes)

RÉALISATION

Les étuis sont tricotés en jersey.

Étui à cœur

1. Montez 21 m. avec le fil A.
2. Tricotez 18 rangs en jersey finissant par 1 rang env.
3. Suivez la grille A en utilisant les fils A et B sur les
    13 rangs suiv. et la technique du jacquard (*voir* page 34).
4. Tricotez 20 rangs avec le fil A.
5. Suivez la grille B en utilisant les fils A et B sur
    les 13 rangs suiv.
6. Tricotez 22 rangs avec le fil A en finissant
    par 1 rang env.
7. 1 dim. à chaque extrémité du rang endr. suiv et tous
    les rangs endr. jusqu'à ce qu'il ne reste que 11 m.
8. 1 rang env.
9. Rab. les m.

Étui à rayures

1. Montez 21 m. avec le fil A.
2. Tricotez 86 rangs en jersey en finissant par 1 rang env.
3. 1 dim. à chaque extrémité du rang endr. suiv et tous
   les rangs endr. jusqu'à ce qu'il ne reste que 11 m.
4. 1 rang env.
5. Rab. les m.

Assemblage

Rentrez les extrémité des fils qui dépassent.

Mettez l'ouvrage en forme à la vapeur.

Doublure et finitions

1. Posez l'ouvrage à plat et coupez un morceau de tissu
   pour la doublure en laissant une marge de 1 cm.
   Posez l'endroit de la doublure sur l'endroit du tricot
   et cousez à la machine les deux pièces ensemble
   sur 3 côtés en laissant le haut ouvert. Ne cousez pas
   les bords des mailles.

2. Retournez l'ouvrage pour voir l'endroit du tricot.
   Retournez la doublure sous le rabat et cousez
   la fin de la doublure à la main.

3. Repliez l'étui endroit contre endroit en faisant
   remonter le bas à 1 cm du début des diminutions.
   Cousez les côtés par des points de surjet. Aplatissez
   les coutures.

4. Cousez le bouton pression à l'intérieur du rabat
   et un bouton décoratif sur le devant.

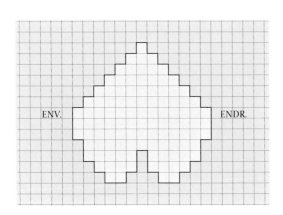

Grille A

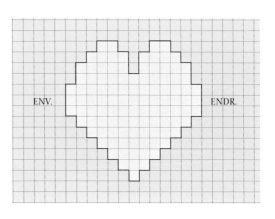

Grille B

Jambières

Les jambières n'évoquent pas forcément le sport ou la mode des années 80 : elles ont effectué leur retour officiel dans la vie quotidienne avec un style résolument contemporain. Ce modèle, tricoté avec un fil mélangé mérinos/cashmere, est idéal pour les journées d'hiver.
Vous pouvez les réaliser avec tout autre fil un peu épais et former les rayures.

FOURNITURES

1 paire d'aiguilles 7

FIL

2 pelotes de 100 g de fil mélangé 55 % laine mérinos, 33 % microfibre et 12 % cashmere, coloris rouge.

ÉCHANTILLON

12 m. x 17 rangs avec les aiguilles 7 =
10 cm x 10 cm

RÉALISATION

Tricotez les deux jambières à l'identique.

Montez 34 m. avec les aiguilles 7.
Tricotez en côtes 2/2 comme suit :
Rang 1 : 2 m. endr., * 2 m. env., 2 m. endr., rep. depuis * jusqu'à la fin du rang.
Rang 2 : 2 m. env., * 2 m. endr., 2 m. env., rep. depuis * jusqu'à la fin du rang.
Répéter ces 2 rangs jusqu'à ce que l'ouvrage mesure 30 cm environ.
Rabattez les m. en côtes en prenant soin de ramener le fil derrière pour rab. les m. endr. et ramenez le fil devant pour rab. les m. env.

Réalisation

Mettez les pièces en forme à la vapeur (*voir* page 42).
Faites la couture des jambières.

Plaid

Ce plaid joue avec les textures des fils qui le composent. Tous les fils ont été sélectionnés pour leur douceur. Ce plaid est tricoté d'un seul tenant sur une aiguille circulaire qui peut donc compter un nombre de mailles impressionnant. Des couleurs neutres ont été choisies pour ce modèle, mais n'hésitez pas à accorder les couleurs avec votre intérieur.

FOURNITURE
2 aiguilles circulaires 6 de 100 cm de longueur
1 arrête-mailles

FIL
Fil A : 2 pelotes de 100 g (85 m par pelote de 50 g) de fil composé mèche et bouclette, coloris brun

Fil B : 4 pelotes de 50 g de fil 100 % coton (85 m par pelote de 50 g), coloris taupe

Fil C : 2 pelotes de 100 g de fil mélangé 60 % laine vierge, 30 % alpaca et 10 % acrylique (100 m par pelote de 100 g), coloris neige

Fil D : 2 fois 50 g de fil 100 % coton (115 m par pelote de 50 g), coloris huître (à tricoter avec un fil en lurex)

Fil E : 1 pelote de 25 g de fil lurex (80 % viscose, 20 % polyester, 100 m par pelote de 25 g), coloris or blanc (à tricoter avec le fil en coton)

Fil F : 1 pelote de 25 g de fil lurex (80 % viscose, 20 % polyester, 100 m par pelote de 25 g), coloris cuivre (à tricoter avec le fil en coton)

Fil G : 3 pelotes de fil 100 % laine filée main (126 m par pelote de 100 g), coloris brun chiné

Fil H : 2 pelotes de 50g de fil mélangé 50 % alpaca, 50 % soie (65 m par pelote de 50 g), coloris blanc cassé

Fil I : 1 écheveau de 100 g de fil peluche (160 m par pelote de 100 g), coloris girofle

RÉALISATION
* Prenez une couleur au choix et montez le nombre de mailles en fonction de la largeur désirée pour votre plaid. Tricotez 6 rangs au point mousse.

Changez de couleur et tricotez 6 rangs en jersey *.
Rep. de * à * jusqu'à ce que le plaid mesure 122 cm.
Rab. les m.

Pour la bordure
Puisque le plaid se compose de fils d'épaisseur et de matière différentes et de plusieurs points de tricot, les lisières seront inégales. C'est pourquoi il vaut mieux ajouter une bordure.

1. Montez 9 m. à l'aide du fil G.
2. Rangs 1 et 2 : * 1 m. endr., 1 m. env., *, rep. de * à * jusqu'à la fin du rang pour former le motif de point de riz. Rep. pour obtenir 5 m ou la longueur voulue pour faire le tour du plaid.
3. Placez les m. sur un arrête-mailles en attendant de vérifier la longueur sur le plaid, puis rab. les m.
4. Cousez la bordure sur un côté du plaid au point de surjet (*voir* page 40).
5. Arrondissez la bordure une fois atteint le premier angle. Recommencez pour les autres côtés. Cousez le pli aux angles.

Écharpes au point mousse

Une écharpe tricotée au point mousse est l'ouvrage le plus simple. C'est donc un modèle idéal pour les débutantes. Le fil mèche se tricote rapidement sur des grosses aiguilles. Pour une touche de glamour, ajoutez des franges.

FOURNITURES

1 paire d'aiguilles 9 (modèle à franges)
1 paire d'aiguilles 10 (modèle uni)

FIL

3 pelotes de 100 g de fil mèche chiné (100 % laine) (70 m par pelote de 100 g), coloris lagon

3 pelotes de 100 g de fil mèche uni (100 % laine) (50 m par pelote de 100 g), coloris chocolat

ÉCHANTILLON

8 m. x 12 rangs avec les aiguilles 9 et le fil mèche chiné = 10 cm x 10 cm
7 m. x 10 rangs avec les aiguilles 10 et le fil mèche uni = 10 cm x 10 cm

DIMENSIONS

Longueur de l'écharpe à franges : 170 cm
Longueur de l'écharpe unie : 162 cm

ÉCHARPE À FRANGES

(tricotée avec le fil mèche chiné)

Avec les aiguilles 9, montez 12 m.
* 1 m. glis., m. endr. jusqu'à la fin *.
Rep. de * à * en utilisant complètement 2 pelotes
mais en conservant assez de fil pour rabattre les m.

Rentrez les extrémités des fils.

Pour faire les franges, enroulez deux fois le fil autour
de votre main ou un morceau de carton de 8,5 cm.
Vous obtiendrez des franges à 4 brins.
Attachez les franges une maille sur deux sur les largeurs
et un rang sur deux sur les côtés de l'écharpe
(*voir* page 46).

ÉCHARPE UNIE

(tricotée avec le fil mèche uni)

Avec les aiguilles 10, montez 8 m.
* 1 m. glis., m. endr. jusqu'à la fin *.
Rep. de * à * en utilisant complètement
les 3 pelotes mais en conservant assez de fil
pour rabattre les m.
Rentrez les extrémités des fils.

Astuce : utilisez un crochet pour rentrer les fils
super épais. Autrement, utilisez une aiguille à laine
avec un chas immense.

Écharpe à froufrous

Cette écharpe très glamour s'enroule autour du cou et s'attache par un nœud simple sur le devant. Le fil peluche employé ici est d'une douceur incroyable.

FOURNITURES
1 paire d'aiguilles 5
Environ 12 perles colorées

FIL
1 pelote de 100 g de fil peluche (100 % polyamide, 213 m par pelote de 100 g), coloris Toscane

ÉCHANTILLON
18 m. x 24 rangs avec les aiguilles 5 = 10 cm x 10cm

RÉALISATION
Tricotez au point mousse.
Montez 1 m. à 15 cm environ du début du fil.

Rang 1 : 1 m. endr.
Rang 2 : 1 aug. (2 m.).
Rang 3 : 2 m. endr.
Rang 4 : 1 aug., 2 m. endr., 1 aug. (4 m.).
Rang 5 : m. endr. jusqu'à la fin.
Rang 6 : 1 aug., m. endr. jusqu'à la fin, 1 aug. (6 m.).

Rang suiv. : 2 m. endr. ens., m. endr. jusqu'à la dernière m., 2 m. endr. ens.
Rang suiv. : 1 rang endr.
Rep. ces 2 derniers rangs jusqu'à ce qu'il ne reste plus qu'une seule m.
Rab. la m. en laissant 15 cm de fil environ.

Formez 2 glands (*voir* page 46).
Enfilez les perles sur les extrémités de fil laissées à cet usage et cousez 1 gland à chaque bout de l'écharpe.

Bonnet

Allez, courage, vous ne devrez passer qu'une soirée pour réaliser ce petit bonnet ! Si la température chute brutalement, installez-vous au coin du feu et, avant l'aube, vous pourrez étrenner votre bonnet.

FOURNITURES
1 paire d'aiguilles 9

FIL
1 pelote de 100 g de fil 100 % laine (80 m par pelote de 100 g), coloris écru ou prune

ÉCHANTILLON
7,5 m. x 10 rangs avec les aiguilles 9 = 10 cm x 10 cm

RÉALISATION
Tricotez le bonnet en jersey.
La grande taille est entre crochets.

Montez 37 [45] m.
Tricotez 18 [20] rangs en jersey.

Formation du haut :
(Astuce : comptez vos mailles à la fin de chaque rang.)
Rang 1 : l'endroit face à vous, * 9 m. endr., 2 m. endr. ens., rep depuis * jusqu'à la dernière m., 1 m. endr. (33 [41] m.).
Rang 2 : 1 rang env.
Rang 3 : * 7 m. endr., 3 m. endr. ens., rep. depuis * jusqu'à la fin du rang (25 [33] m.).
Rang 4 : 1 rang env.
Rang 5 : * 5 m. endr., 3 m. endr. ens., rep. depuis * jusqu'à la fin du rang (17 [25] m.).
Rang 6 : 1 rang env.

Pour la taille S uniquement :
Rang 7 : * 2 m. endr., 2 m. endr. ens., rep. depuis * jusqu'à la fin du rang (13 m.).
Rang 8 : 1 m. env., 2 m. env. ens., rep. depuis * jusqu'à la fin (9 m.).

Pour la taille L uniquement :
Rang 7 : * 3 m. endr., 3 m. endr. ens., rep. depuis * jusqu'à la fin du rang (17 m.).
Rang 8 : * 1 m. env., 2 m. env. ens., rep. depuis * jusqu'à la fin du rang (11 m.).
Rang 9 : 3 m. endr., 2 m. endr. ens., 3 m. endr., 2 m. endr. ens. (9 m.).
Rang 10 : 1 rang env.

Pour les 2 tailles :
Coupez le fil en laissant une longue extrémité. Passez le fil à travers les m. rest. et tirez-le pour les resserrer. Utilisez la fin du fil pour la couture du bonnet.

Assemblage
Repasser à la vapeur (*voir* page 42).

Trousse à maquillage

Voici une trousse à maquillage de lux ! Si vous vous repoudrez le nez en public, vous ferez sensation. Doublée de velours et avec ses petites perles, elle peut aussi servir d'écrin pour vos bijoux. Cette trousse fait un cadeau idéal, remplie de maquillage, de bonbons, savons ou bijoux.

FOURNITURES

1 paire d'aiguilles 5
362 perles
1 morceau de velours pour la doublure
1 bouton pression
1 fleur tricotée (*voir* les instructions page 47)

FIL

1 pelote de 50 g de fil mélangé 55 % laine mérinos, 33 % microfibre, 12 % cashmere (90 m par pelote de 50 g), rose

ÉCHANTILLON

18 m. x 24 rangs avec les aiguilles 5 = 10 cm x 10 cm

ABRÉVIATIONS

Pp (placez une perle) : passez le fil devant l'aiguille, faites monter la perle jusqu'à l'aiguille, glissez la maille suivante à l'endroit et passez le fil derrière l'aiguille. Tricotez ensuite 1 maille à l'endroit.

Remarque : les explications de la page 44 placeront les perles entre les mailles, mais cette méthode convient à des perles plus grosses qui formeront ainsi un joli relief sur l'ouvrage.

RÉALISATION

Montez 34 m.

Rang 1 : 1 m. endr., 1 m. env. jusqu'à la fin du rang.

Rang 2 : 1 m. env. 1 m. endr., jusqu'à la fin du rang.

Rang 3 : 2 m. endr., * pp, 1 m. endr. *, rep. de * à * jusqu'aux 2 dernières m., 2 m. endr.

Rang 4 : 1 rang env.

Rang 5 : 3 m. endr., * pp, 1 m. endr. *, rep. de * à * jusqu'à la dernière m., 1 m. endr.

Rang 6 : 1 rang env.

Rep. ces 6 rangs jusqu'à ce que l'ouvrage mesure 26,5 cm.

Diminutions

Rang suiv. : 2 m. endr. ens., * 1 m. endr., 1 m. env. *,
rep. de * à * jusqu'aux 2 dernières m., 2 m. endr. ens. (32 m.).
Rang suiv. : 2 m. endr. ens., * 1 m. endr., 1 m. env. *,
rep. de * à * jusqu'aux 2 dernières m., 2 m. endr. ens. (30 m.).
Rang suiv. : 2 m. endr. ens., * pp, 1 m. endr. *, rep. de * à *
jusqu'aux 2 dernières m., 2 m. endr. ens. (28 m.).
Rang suiv. : 2 m. env. ens., m. env. jusqu'aux 2 dernières m.,
2 m. env. ens.
Rang suiv. : 2 m. endr. ens., 1 m. endr., * pp, 1 m. endr. *,
rep. de * à * jusqu'aux 3 dernières m., 1 m. endr.,
2 m. endr. ens. (24 m.).
Rang suiv. : 2 m. env. ens., m. env. jusqu'aux 2 dernières m.,
2 m. env. ens..
Rang suiv. : 2 m. endr. ens., * 1 m. endr., 1 m. env.*,
rep. de * à * jusqu'aux 2 dernières m., 2 m. endr. ens. (20 m.).
Rang suiv. : 2 m. endr. ens., * 1 m. endr., 1 m. env.*,
rep. de * à * jusqu'aux 2 dernières m., 2 m. endr. ens. (18 m.).
Rang suiv. : 2 m. endr. ens., 2 m. endr., * pp, 1 m. endr. *,
rep. de * à * jusqu'aux 2 dernières m., 2 m. endr. ens. (16 m.).
Rang suiv. : 2 m. env. ens., m. env. jusqu'aux 2 dernières m.,
2 m. env. ens.
Rang suiv. : 2 m. endr. ens., 1 m. endr., * pp, 1 m. endr. *,
rep. de * à * jusqu'aux 3 dernières m., 1 m. endr.,
2 m. endr. ens. (12 m.).
Rang suiv. : 2 m. env. ens., m. env. jusqu'aux 2 dernières m.,
2 m. env. ens.
Rang suiv. : 2 m. endr. ens., * 1 m. endr., 1 m. env. *,
rep. de * à * jusqu'aux 2 dernières m., 2 m. endr. ens. (8 m.).
Rang suiv. : 2 m. endr. ens., * 1 m. endr., 1 m. env. *,
rep. de * à * jusqu'aux 2 dernières m., 2 m. endr. ens. (6 m.).
Rab. les m. rest.

Rentrez les extrémités des fils.

Mettez l'ouvrage en forme et repassez-le à la vapeur.

Assemblage

1. Posez l'ouvrage à plat et coupez un morceau de tissu
   pour la doublure en laissant 1 cm supplémentaire

sur les côtés. Posez l'endroit de la doublure
sur l'endroit du tricot et cousez à la machine
les deux pièces ensemble sur 3 côtés en laissant
ouvert l'un des côtés avec les diminutions.
Ne cousez pas les bords des mailles.

2. Retournez l'ouvrage pour voir l'endroit du tricot.
   Rentrez la doublure sous le bord ouvert et cousez
   la fin de la doublure à la main.

3. Repliez la trousse endroit contre endroit en faisant
   remonter le bas à 1 cm du début des diminutions.
   Cousez les côtés par des points de surjet. Aplatissez
   les coutures.

4. Cousez le bouton pression à l'intérieur du rabat.
   Cousez des perles sur les pétales de la fleur
   et attachez-la sur le rabat.

Coussins fantaisie

Ces deux housses de coussin moelleuses mettent en avant la fantaisie des fils qui ont été employés.

La première housse, le fil est tout doux et donne l'impression de tricoter avec des plumes.

Pour la seconde, l'association d'un fil ruban et d'un fil mèche chiné la fait briller de mille feux. Le fil ruban est d'un douceur incroyable et d'une matière semblable à de la peluche.

COUSSIN 1

FOURNITURES

1 paire d'aiguilles 4

1 coussin de 40 x 40 cm

4 gros boutons décoratifs

FILS

2 écheveaux de fil fourrure chiné 100 % polyamide (213 m par écheveau de 100 g), coloris turquoise

ÉCHANTILLON

18 m. x 24 rangs avec les aiguilles 4 = 10 cm x 10 cm

RÉALISATION

Tricotez les 2 panneaux à l'identique.

Montez 65 m. et tricotez au point mousse (tous les rangs à l'endroit) jusqu'à ce que les pièces mesurent 40 cm. Rab. les m.

Assemblage

1. Rentrez tous les fils.
2. Faites les coutures sur 3 côtés sur l'envers.
3. Retournez la housse.
4. Insérez le coussin et cousez l'ouverture au point de surjet.
5. Cousez les boutons décoratifs.

Faites 4 pompons (*voir* page 45) et attachez-les aux angles de la housse.

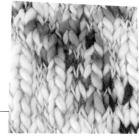

Panneau 2

COUSSIN 2

FOURNITURES

1 paire d'aiguilles 8

1 paire d'aiguilles 9

1 coussin de 40 cm x 40 cm

FILS

Fil A : 2 écheveaux de fil ruban 100 % polyamide
(70 m par écheveau de 100 g), coloris lagon

Fil B : 1 écheveau de 100 g de fil mèche chiné multicolore
(100 % laine) (50 m par écheveau de 100 g)

ÉCHANTILLON

8 m. x 12 rangs avec le fil A et les aiguilles 8
= 10 cm x 10 cm

7,5 m. x 9 rangs avec le fil B et les aiguilles 9
= 10 cm x 10 cm

RÉALISATION

Panneau 1 :

Montez 40 m. avec le fil A avec les aiguilles 8.

Tricotez en jersey (1 rang endroit, 1 rang envers)
jusqu'à ce que le panneau mesure 40 cm.
Rab. les m.

Panneau 2 :

Montez 35 m. avec le fil B avec les aiguilles 9.

Tricotez en jersey (1 rang endroit, 1 rang envers)
jusqu'à ce que le panneau mesure 40 cm.
Rab. les m.

Assemblage

1. Rentrez tous les fils.

2. Faites les coutures sur 3 côtés
    sur l'envers.

3. Retournez la housse.

4. Insérez le coussin et cousez l'ouverture
    au point de surjet.

Faites 4 glands (voir page 46) et attachez-les
aux angles de la housse.

Pochette à boutons

Lorsque vous exhiberez avec fierté votre petite pochette
à boutons, toutes vos amies vous supplieront de leur offrir
la même. Deux solutions s'offriront alors à vous : déclarer
que vous l'avez acheté chez un créateur de mode ou acheter
plein de fils et de boutons pour en faire toute une collection
au cours des douze prochains mois. Le plus amusant
dans la réalisation de cette pochette est de chiner dans
les brocantes à la recherche de boutons. Vous pouvez
choisir n'importe quelle sorte de fil et changer les dimensions
de la pochette. N'oubliez pas de respecter la taille des
aiguilles recommandées pour le fil que vous aurez choisi.

FOURNITURE

1 paire d'aiguilles 4,5
Tissu pour la doublure
1 bouton pression ou un morceau de velcro
80 à 100 boutons
1 ruban de 150 cm de long et 4 cm de large

FIL

2 pelotes de fil 100 % coton (4 brins, 170 m par pelote
de 50 g), tricoté à double

ÉCHANTILLON

18 m. x 25 rangs avec les aiguilles 4,5 =
10 cm x 10 cm

RÉALISATION

Montez 45 m.
Rangs 1 à 40 : tricotez en jersey jusqu'à ce que l'ouvrage
mesure environ 15 cm.
Rangs 41 et 42 : * 1 m. endr., 1 m. env *, rep. jusqu'à la fin
du rang pour former le point de riz.
Rangs 43 à 63 : continuez à tricoter au point de riz
sur 20 rangs ou pour obtenir 9 cm au point de riz.
Rangs 64 à 104 : tricotez en jersey jusqu'à ce que
la longueur totale de l'ouvrage soit d'environ 38 cm.
Rab. les m.

Assemblage

Rentrez les extrémités des fils.
Mettez l'ouvrage en forme à la vapeur.

Doublure

1. Posez l'ouvrage à plat et coupez un morceau
   de tissu pour la doublure en laissant 1 cm
   de marge. Posez l'endroit de la doublure
   sur l'endroit du tricot et cousez à la machine
   les deux pièces ensemble sur 3 côtés en laissant
   le haut ouvert. Ne cousez pas les bords
   des mailles.
2. Retournez l'ouvrage pour voir l'endroit du tricot.
   Pliez la pochette en deux sur l'envers.
3. Cousez les côtés par des points de surjet.
4. Retournez la doublure à l'intérieur sur 1 cm
   et cousez la fin de la doublure à la main.
5. Repliez les extrémités du ruban sur 2 cm et cousez
   le ruban à l'intérieur de la pochette au niveau
   des coutures.

Finitions

1. Cousez solidement des boutons au hasard sur le devant
   de la pochette en piquant à travers la doublure.
2. Cousez le bouton pression ou le velcro à l'intérieur
   de la pochette.
3. Coupez le ruban en deux et faites un joli nœud décoratif.
   Cousez-le pour qu'il ne se détache pas.

Manteaux pour toutous

Les chiens aussi sont frileux, surtout ceux qui n'ont pas beaucoup de poils ! Vous avez dû constater en sortant votre animal de compagnie que les manteaux pour toutous font un retour en force.

Quel cabot voudrait se promener tout nu, été comme hiver ? Pour le comble du chic, optez pour un fil en laine mérinos.

FOURNITURES

1 paire d'aiguilles 4
1 paire d'aiguilles 4,5
4 aiguilles auxiliaires 4,5

FIL

Manteau requin :
Fil A : pelotes de fil 100 % laine mérinos
(110 m par pelote de 50 g), coloris gris
(2 pelotes pour les tailles S et M, 3 pelotes pour la taille L)
Fil B : 1 pelote de fil 100 % laine mérinos
(110 m par pelote de 50 g), coloris écru

Manteau à pompons :
pelotes de fil 100 % laine mérinos
(110 m par pelote de 50 g), coloris kaki
(2 pelotes pour les tailles S et M,
3 pelotes pour la taille L)
Restes de pelotes pour les pompons

ÉCHANTILLON

22 m. x 28 rangs avec les aiguilles 4 =
10 cm x 10 cm
20 m. x 26 rangs avec les aiguilles 4,5 =
10 cm x 10 cm

RÉALISATION

Les instructions sont données pour la taille S, les tailles M et L sont indiquées entre crochets.

Pour le manteau requin

Les côtes de l'encolure sont formées comme suit :

Montez 47 [61/85] m. avec le fil A et les aiguilles 4.

Tricotez l'encolure en côtes 1/1 comme suit :

Rang 1 : * 1 m. env., 1 m. endr., rep. depuis * jusqu'à
la dernière m., 1 m. env.

Rang 2 : 1 m. env., * 1 m. endr., 1 m. env., rep. depuis *
jusqu'à la fin du rang.

Rep. ces 2 rangs en côtes 1/1 sur 18 [20/22] rangs
en faisant 1 aug. au milieu du dernier rang.
Vous devez avoir 48 [62/86] m. Coupez le fil.

Prenez les aiguilles 4,5 et tricotez en jersey.
Vous aurez besoin de 2 fils B distincts (divisez la pelote
en deux).

Rang 1 : avec le fil B, 3 [6/8] m. endr. ; attachez le fil A
au fil B, m. endr. jusqu'aux 3 [6/8] dernières m. ;
attachez le second fil B au fil A, 3 [6/8] m. endr.

Rang 2 : avec le fil B, 3 [6/8] m. env. ; avec le fil A, m. env.
jusqu'aux 3 [6/8] dernières m. ; avec le fil B, 3 [6/8] m. env.

Rangs 3 : 1 aug. à chaque extrémité du rang en fil B.

Rangs suiv. : 1 aug. à chaque extrémité du rang
tous les 4 rangs en fil B. Vous devez avoir 42 [50/70] m.
en fil A et 56 [92/116] m. au total.

Ran 1 aug. à chaque extrémité des rangs endr. pour obtenir
68 [104/128] m.

Terminez par 1 rang env.

Les ouvertures pour les pattes sont formées comme suit :
Les deux ouvertures se tricotent en même temps avec
2 fils B distincts (divisez la pelote en deux).

Rang 1 : 7 [10/12] m. endr., rab. 6 [6/10] m ; avec le fil A,
42 [50/70] m. endr. (en prenant la dernière m. sur l'aiguille
après rab.) ; avec le fil B, rab. 6 [6/10] m., m. endr. jusqu'à
la fin du rang.

Rangs suiv. : en commençant par 1 rang env., tric. 9 rangs en
jersey depuis les m. rab. en finissant par 1 rang env.

Rang suiv. : 7 [10/12] m. endr., montez 6 [6/10] m.,
42 [50/70] m. endr., montez 6 [6/10] m., m. endr. jusqu'à
la fin du rang. Vous devez toujours avoir 68 [104/128] m.

Tric. en jersey jusqu'à ce que l'ouvrage mesure
23 [25,5/29] cm depuis les côtes de l'encolure,
en finissant par 1 rang env.
Placez un marqueur à chaque extrémité du dernier rang.

Le dos est formé comme suit :

Tric. 2 rangs en rabattabt 7 [9/13] m. au début
de chaque rang pour obtenir 54 [86/102] m.

Rang suiv. : 2 m. endr. ens., m. endr. jusqu'aux 2 dernières
m., 2 m. endr. ens.

Rang suiv. : 1 rang env.

Rep. ces 2 derniers rangs pour obtenir 36 [42/66] m.
(en fil A uniquement).

Tric. en jersey jusqu'à ce que l'ouvrage mesure environ
32 [39/42] cm (ou la longueur désirée jusqu'à la base
de la queue) en finissant par 1 rang env.

Placez les 36 [42/66] m. rest. sur un arrête-mailles.
Faites la couture de l'encolure jusqu'aux marqueurs.

Les côtes du dos sont formées ainsi :

Sur l'endroit de l'ouvrage, avec des aiguilles auxiliaires
et les fils A et B selon les mailles, relevez 40 [56/72] m. le long
du corps depuis le premier marqueur et tricotez-les à l'endroit.

Tric. à l'endroit les 36 [42/66] m. rest. de l'arrête-mailles.

Avec une troisième aiguille, relevez 40 [56/72] m. de l'autre
côté du corps jusqu'au second marqueur et tricotez-les
à l'endroit pour obtenir 116 [154/210] m. au total.

Placez un marqueur sur la première m.

Tricotez 8 rangs en côtes 1/1.

Rab. les m. en côtes sans serrer.

Les côtes des pattes sont formées comme suit :

Relevez les m. autour de la première ouverture.

Avec une première aiguille auxiliaire, relevez 10 [12/14] m.
et tricotez-les à l'endroit. Avec une deuxième aiguille
auxiliaire, relevez 10 [12/14] m. et tricotez-les à l'endroit.

Avec une troisième aiguille auxiliaire, relevez 10 [12/14] m. et
tricotez-les à l'endroit. Vous avez au total 30 [36/42] m.

Placez un marqueur à la première m. Tricotez 10 ronds en
côtes 1/1. Rab. les m. sans serrer.

Rep. pour l'autre ouverture des pattes.

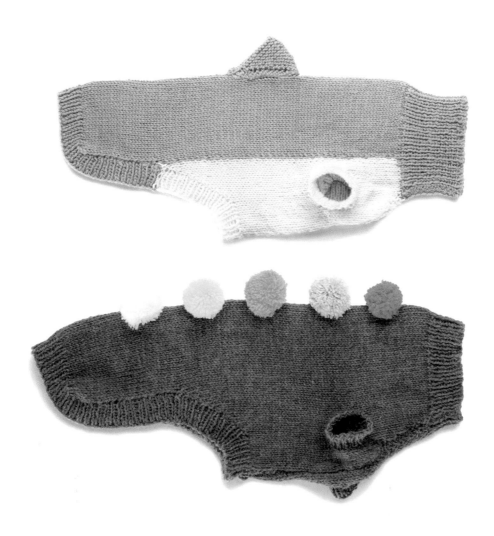

Aileron :

Avec les aiguilles 4,5 et le fil A, montez 3 m.

Rang 1 : 1 m. endr., 1 jeté, 2 m. endr. (4 m.).

(faire un jeté consiste à passer le fil autour de l'aiguille droite avant de tricoter la maille suivante).

Rang 2 et tous les rangs pairs : 1 rang endr.

Rang 3 : 1 m. endr., 1 jeté, 3 m. endr. (5 m.).

Rang 5 : 1 m. endr., 1 jeté, 4 m. endr. (6 m.).

Rang 7 : 1 m. endr., 1 jeté, 5 m. endr. (7 m.).

Rang 9 : 1 m. endr., 1 jeté, 6 m. endr. (8 m.).

Rang 11 : 1 m. endr., 1 jeté, 7 m. endr. (9 m.).

Rang 13 : 1 m. endr., 1 jeté, 8 m. endr. (10 m.).

Rang 15 : 1 m. endr., 1 jeté, 9 m. endr. (11 m.).

Rang 17 : 1 m. endr., 1 jeté, 10 m. endr. (12 m.).

Rang 19 : 1 m. endr., 1 jeté, 11 m. endr. (13 m.).

Rang 21 : 1 m. endr., 1 jeté, 12 m. endr. (14 m.).

Rang 22 : rab. les 14 m.

Ces 22 rangs forment l'aileron. Faites-en un second et cousez-les ensemble.

Pour le manteau à pompons

Suivez les instructions du manteau requin sans changer de couleur de fil.

Assemblage

Manteau requin : cousez l'aileron à l'endroit approprié sur le dos du manteau.

Manteau à pompons : faites 5 petits pompons (*voir* page 45) et fixez-les sur le dos du manteau à intervalles réguliers.

Débardeur fleuri

La forme cintrée de ce débardeur à grosses côtes
a un côté rétro très féminin qui est accentué par
la bordure crochetée. N'hésitez pas à le tricoter avec
une bordure d'une couleur contrastée ou un fil
en soie. Les roses en tissu que j'ai dénichées par
hasard me paraissaient de la couleur et de la taille
idéales pour apporter un peu de fantaisie.

FOURNITURES

1 paire d'aiguilles 3¼ ou 3
1 arrête-mailles
1 crochet 3
1 compte-rangs (facultatif)
1 m de ruban ou cordelette (comme sur la photo)
ou 2 m si vous voulez faire un nœud sur le devant
du débardeur

FIL

9 [11/13/15] pelotes de fil mélangé 55 % laine mérinos,
33 % microfibre, 12 % cashmere (125 m par pelote de 50 g),
coloris vert petit pois

TAILLE

Les instructions pour la taille S apparaissent
en premier, suivies de celles pour les tailles M,
L et XL.
Les mesures ont été prises en étirant légèrement
le débardeur pour ouvrir les côtes. Ce modèle n'est
pas destiné à être ultra-ajusté. Puisque la maille est
très extensible, faites un échantillon de grande taille
pour voir jusqu'où vous désirez étirer la maille
et choisir la taille correspondante à tricoter.

	S 36–38	M 38–40	L 40–42	XL 42–44
Poitrine :	81–86 cm	91–97 cm	102–108 cm	110–115 cm
Largeur :	86 cm	94 cm	104 cm	112 cm
Longueur :	46 cm	48 cm	50 cm	52 cm

FIL

(nombre de pelotes de 50 g)

S 36–38	M 38–40	L 40–42	XL 42–44
9	11	13	15

ÉCHANTILLON

25 m. x 34 rangs en jersey avec les aiguilles 3¼ =
10 cm x 10 cm

RÉALISATION

Lorsque vous arriverez à l'étape de la couture,
vous devrez inverser l'endroit et l'envers des pièces.
Le côté endroit en tricotant deviendra l'envers.
Cela facilite la formation des œillets et permet
de les placer au milieu des côtes pour pouvoir
passer joliment le ruban.

Motif tricoté tout du long

Tailles S et XL :
Rang 1 : * 4 m. env., 4 m. endr., rep. depuis * jusqu'aux
4 dernières m., 4 m. endr.
Rang 2 : * 4 m. endr., 4 m. env., rep. depuis * jusqu'aux
4 dernières m., 4 m. env.
Rep. ces 2 rangs.
Tailles M et L :
Rang 1 : * 4 m. endr., 4 m. env., rep. depuis * jusqu'aux
4 dernières m., 4 m. env.
Rang 2 : * 4 m. env., 4 m. endr., rep. depuis * jusqu'aux
4 dernières m., 4 m. endr.
Rep. ces 2 rangs.

Dos

Montez 108 [116/132/140] m.
Tricotez 96 [98/100/102] rangs jusqu'à
ce que l'ouvrage mesure 28,5 [29/29,5/30] cm
depuis le bas.

Les emmanchures sont formées comme suit :

Tric. 2 rangs en rabattant 2 [2/3/8] m. au début de chaque rang.

Tric. 2 rangs en rabattant 3 [3/2/1] m. au début de chaque rang.

Tric. 2 rangs en rabattant 2 [2/3/1] m. au début de chaque rang.

Tric. 12 [14/12/12] rangs en faisant 1 dim. à chaque extrémité tous les 2 [2/2/2] rangs.

Tricotez 33 [37/47/49] rangs sans dim.

Rang suiv. : faites 2 œillets sur chacune des 5 [5/5/5] « côtes endr. » centrales.

(Un œillet se forme ainsi : sur les 4 m. d'une « côte endr. », * 1 jeté, 2 m. endr. ens., 2 m. endr. ens. dans le brin AR, 1 jeté *.)

Tric. 3 rangs sans dim.

Rang suiv. : faites 2 œillets dans chacune des 2 « côtes endr. » qui sont de chaque côté des 5 [5/5/5] côtes centrales.

Les épaules et l'encolure du premier côté sont formées comme suit :

Rang suiv. : rab. 4 [4/5/4] m., 37 [36/40/43] m. en côtes, placez les m. rest. sur un arrête-mailles.

Rang suiv. : tournez l'ouvrage et rab. 8 [8/9/10] m. (du côté de l'encolure), m. en côtes jusqu'à la fin du rang.

Rang suiv. : rab. 4 [4/5/4] m. (du côté de l'épaule), m. en côtes jusqu'à la fin du rang.

Rang suiv. : rab. 4 [4/5/3] m., 1 œillet au centre de la côte endr. suiv., m. en côtes jusqu'à la fin du rang.

Rang suiv. : rab. 4 [5/5/4] m., m. en côtes jusqu'à la fin du rang.

Rang suiv. : rab. 4 [5/5/4] m., m. en côtes jusqu'à la fin du rang.

Tric. 4 rangs en rabattant 4 [5/5/4] m. au début du rang tous les 2 rangs.

Rab. les m. rest.

L'épaule et l'encolure du second côté sont formées comme suit :

Glissez les m. en attente sur une aiguille.

Placez l'envers de l'ouvrage face à vous (vous devrez peut-être faire passer les m. sur l'autre aiguille).

Rang suiv. : m. en côtes jusqu'à aux 4 dernières m., rab. 4 [4/5/4] m.

Rang suiv. : tournez l'ouvrage et rab. 8 [8/9/10] m. (du côté de l'encolure), m. en côtes jusqu'à la fin du rang.

Rang suiv. : rab. 4 [4/5/4] m. (du côté de l'épaule), m. en côtes jusqu'à la fin du rang.

Rang suiv. : rab. 4 [4/5/3] m., 1 œillet au centre de la côte endr. suiv., m. en côtes jusqu'à la fin du rang.

Rang suiv. : rab. 4 [5/5/4] m., m. en côtes jusqu'à la fin du rang.

Rang suiv. : rab. 4 [5/5/4] m., m. en côtes jusqu'à la fin du rang.

Tric. 4 rangs en rabattant 4 [5/5/4] m. au début du rang tous les 2 rangs.

Rab. les m. rest.

Devant

Tricotez en suivant les instructions du dos
sur 119 [126/129/133] rangs ou jusqu'à ce que
l'ouvrage mesure 35 [37/38/39] cm.

Rang suiv. : faites des œillets au centre
des 5 [5/5/5] « côtes endr. » centrales.

Tric. 3 rangs sans dim.

Rang suiv. : faites 2 œillets dans chacune
des 2 « côtes endr. » qui sont de chaque côté
des 5 [5/5/5] côtes centrales.

Tric. 1 rang sans dim.

L'encolure du premire côté est formée comme suit :

Rang suiv. : tricotez 33 [36/40/42] m., rab. 16 m.,
placez les m. rest. sur un arrête-mailles.

Rang suiv. : rab. 2 [2/2/3] m. (du côté de l'encolure),
m. en côtes jusqu'à la fin du rang.

Rang suiv. : faites 1 œillet dans chacune
des 2 « côtes endr. » qui sont de chaque côté
des 5 [5/5/5] côtes centrales.

Tric. 5 [5/5/5] rangs en rabattant 2 [2/2/2] m.
(du côté de l'encolure) au début du premier rang
puis tous les 2 [2/2/2] rangs.

Rang suiv. : faites 1 œillet sur la « côte endr. »
du côté de l'encolure.

Tric. 2 [2/2/2] rangs en rabattant 1 [2/2/2] m.
au 2ᵉ rang.

Tric. 4 [4/4/4] rangs en rabattant 1 [1/1/1] m.
tous les 2 [2/4/1] rangs.

Rang suiv. : faites 1 œillet sur la « côte endr. »
du côté de l'encolure.

Tric. 5 [5/5/5] rangs en rabattant 1 [1/1/1] m.
du côté de l'encolure tous les 3 [2/4/2] rangs.

Rang suiv. : faites 1 œillet au-dessus de l'œillet
précédent.

Tric. 2 [2/2/2] rangs en rabattant 1 [1/1/1] m.
au 2ᵉ rang.

Tric. 5 [5/5/5] rangs sans dim.

Rang suiv. : faites 1 œillet au-dessus de l'œillet
précédent.

Tric. 2 [6/8/10] rangs.

L'épaule du premier côté est formée comme suit :

Rang suiv. : rab. 4 [4/5/4] m. (du côté de l'épaule),
m. en côtes jusqu'à la fin du rang.

Tric. 4 [4/4/4] rangs en rab. 4 [5/5/4] m. tous
les 2 rangs.

Rang suiv. : rab. 4 [4/4/4] m. et faites 1 œillet
au-dessus de l'œillet précédent.

Tric. 4 [4/4/4] rangs en rab. 4 [5/5/4] m. tous
les 2 rangs.

Tric. 1 rang sans dim.

Rab. les m. rest.

L'encolure du second côté est formée comme suit :

Glissez les m. en attente sur une aiguille.
Placez l'envers de l'ouvrage face à vous
(vous devrez peut-être faire passer les m.
sur l'autre aiguille).

Tric. 1 rang sans dim.

Rang suiv. : rab. 2 [2/2/3] m. (du côté de l'encolure),
m. en côtes jusqu'à la fin du rang.

Rang suiv. : faites 1 œillet dans chacune
des 2 « côtes endr. » qui sont de chaque côté
des 5 [5/5/5] côtes centrales.

Tric. 5 [5/5/5] rangs en rabattant 2 [2/2/2] m.
(du côté de l'encolure) au début du premier rang
puis tous les 2 [2/2/2] rangs.

Rang suiv. : faites 1 œillet sur la « côte endr. »
du côté de l'encolure.

Tric. 2 [2/2/2] rangs en rabattant 1 [2/2/2] m.
au 2ᵉ rang.

Tric. 4 [4/4/4] rangs en rabattant 1 [1/1/1] m.
tous les 2 [2/4/1] rangs.

Rang suiv. : faites 1 œillet sur la « côte endr. »
du côté de l'encolure.

Tric. 5 [5/5/5] rangs en rabattant 1 [1/1/1] m.
du côté de l'encolure tous les 3 [2/4/2] rangs.

Rang suiv. : faites 1 œillet au-dessus de l'œillet
précédent.

Tric. 2 [2/2/2] rangs en rabattant 1 [1/1/1] m.
au 2ᵉ rang.

Tric. 5 [5/5/5] rangs sans dim.

Rang suiv. : faites 1 œillet au-dessus de l'œillet précédent.
Tric. 2 [6/8/10] rangs.

L'épaule du second côté est formée comme suit :
Rang suiv. : rab. 4 [4/5/4] m. (du côté de l'épaule), m. en côtes jusqu'à la fin du rang.
Tric. 4 [4/4/4] rangs en rab. 4 [5/5/4] m. tous les 2 rangs.
Rang suiv. : rab. 4 [4/4/4] m. et faites 1 œillet au-dessus de l'œillet précédent.
Tric. 4 [4/4/4] rangs en rab. 4 [5/5/4] m. tous les 2 rangs.
Tric. 1 rang sans dim.
Rab. les m. rest.

Manches

Taille unique.
Faites les coutures des épaules au point invisible en prenant soin de faire correspondre les côtes.
Remarque : ne repassez pas le débardeur à la vapeur au risque de voir les côtes perdre leur élasticité.

En comptant depuis l'aisselle et en remontant, placez un marqueur à 10 rangs sur le devant et le dos du débardeur.
Pour que vos m. relevées soient bien espacées, posez un second marqueur au milieu.
Vous avez désormais 4 sections égales pour répartir vos mailles.

Relevez 44 [52/52/60] m. de l'avant vers l'arrière.
Le nombre de m. peut varier en fonction de la tension du fil, mais pour obtenir le même résultat que sur la photo, relevez 5 m. sur 7 rangs.
Tric. ces m. en côtes en rab. 4 m. tous les 2 rangs jusqu'à compter uniquement 3 côtes sur votre aiguille.
Tric. 1 rang sans dim.
Rab. les m. rest.

Rep. le procédé pour la seconde manche.

Assemblage

1. Faites les coutures des côtés au point invisible.
2. Crochetez un rang simple tout autour des manches et de l'encolure. N'étirez pas les lisières mais ne les serrez pas non plus.
3. Crochetez des chaînettes de 6 m. en les reliant toutes les 3 m. pour les forcer à s'arrondir.
4. Rentrez les fils et faufilez le ruban à travers les œillets.

Sac à ouvrage

Ce sac a été réalisé dans une couverture bon marché trouvée dans une vente de charité et qui a été teinte rose vif en machine. Le résultat donne l'impression d'un sac feutré à la main. Veillez à choisir une couverture 100 % fibres naturelles car la teinture ne prend pas sur des fibres artificielles. Plus le programme de la machine sera chaud, plus la couverture sera feutrée. Vous pouvez également adapter les dimensions du sac pour en faire une besace très tendance.

FOURNITURES

1 couverture
1 sachet de teinture rose spécial machine
Tissu de doublure
Fil à coudre
Machine ou aiguille à coudre
Épingles
Motif à transférer
30 x 30 cm de toile en coton fine,
légèrement plus grande que l'image
Fer à repasser

RÉALISATION

1. Coupez un morceau de couverture de 40 x 79 cm pour le sac et 2 pièces de 11 x 63 cm pour les anses.
2. Coupez un morceau de doublure à la même dimension que le sac.
3. Envers contre envers, cousez la doublure à la couverture.
4. Repliez le sac endroit contre endroit pour que le pli forme le fond du sac.
5. Cousez les côtés du sac à 1,5 cm du bord (schéma 1).
6. Retournez le bord supérieur sur 0,5 cm et repassez le pli. Repliez encore une fois le bord à 2,5 cm et faites une couture à 1,5 cm du pli (schéma 2). Si votre tissu est trop épais, cousez l'ourlet à la main.

7. Pour que le fond du sac soit plat, repliez les coutures des côtés sur le pli du fond pour former un triangle (schéma 3). Cousez-le sur 10 cm comme pour former 2 oreilles.
8. Pour former les anses, repliez les 2 morceaux de tissu dans leur longueur endroit contre endroit (schéma 4). Faites la couture sur la longueur ouverte et l'un des petits côtés.
9. Retournez les anses en vous aidant d'une aiguille à tricoter pour pousser le tissu. Cousez le dernier côté ouvert.
10. Attachez les anses à 6 cm des coutures latérales en formant un petit rectangle pour plus de solidité (schéma 5) et retournez le sac.

Transférer le motif

1. Trouvez une jolie image à transférer.
2. Imprimez-la sur un papier transfert. Veillez à inverser l'image s'il y a des lettres dessus pour qu'elles apparaissent à l'endroit.
3. Repassez le transfert sur la toile en coton. Égalisez les bords et rentrez les ourlets. Cousez la toile sur le sac sur 3 côtés par un zigzag décoratif.
4. Ne cousez pas le haut afin de former un poche où vous pourrez glisser vos ciseaux, votre mètre ruban, un arrête-mailles, votre nécessaire à couture ou votre téléphone portable.

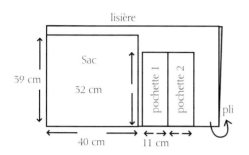

lisière

Sac

39 cm

32 cm

pochette 1

pochette 2

pli

40 cm

11 cm

0,5 cm

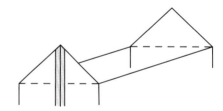

2,5 cm

1,5 cm

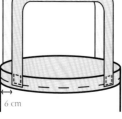

6 cm

Étui peau de vache

Les aiguilles s'égarent si facilement qu'il vaut mieux les ranger soigneusement dans un étui. Vous n'hésiterez pas à emporter partout avec vous ce modèle amusant.

FOURNITURES

Fausse fourrure motif peau de vache

Tissu rose pour la doublure

Craie tailleur

Aiguille et fils à coudre rose et noir

1 bouton pression

5 boutons en forme de marguerite

50 cm de cordon élastique

RÉALISATION

1. Coupez un morceau de doublure de 50 cm x 126 cm (schéma 1).

2. Mesurez 70 cm à partir d'un petit côté et marquez l'emplacement à la craie tailleur. Repliez le tissu jusqu'à cette ligne pour former un pli de 35 cm (schéma 2).

3. Avec la craie tailleur, marquez une ligne à 20 cm du pli. En commençant sur cette ligne, dessinez un arc de cercle vers le pli (schéma 3).

4. Cousez l'arc de cercle (schéma 4).

5. Coupez l'excédent de tissu (schéma 5).

6. Retournez l'ouvrage et repassez-le.

7. Sur le bord opposé, faites un ourlet de 2,5 cm (schéma 6).

8. Depuis cet ourlet, repliez le tissu sur 30 cm (schéma 7).

9. Cousez les bords jusqu'au début de l'arc de cercle, qui correspond au rabat (schéma 8).

10. Cousez une dizaine de lignes verticales de largeur différente pour former les pochettes à aiguilles (schéma 9).

11. Coupez un morceau de fourrure de 38 x 56 cm. Posez la doublure à l'envers sur l'envers de la fourrure. Retournez la fourrure de 2,5 cm sur trois côtés de la doublure pour obtenir des bords nets (schéma 10). Cousez les 3 bords (schéma 11).

12. Retournez l'ouvrage. Attachez le rabat à la fourrure par une couture droite en veillant à ne pas coudre trop près de l'ouverture des pochettes à aiguilles (schéma 12).

13. Cousez un bouton pression sur le rabat et le côté opposé sur la doublure. Cousez un bouton décoratif pour cacher le fil du bouton pression côté fourrure.

14. Coupez l'élastique en deux.

15. Enfilez 2 boutons sur chaque élastique et cousez ensemble les extrémités de chaque élastique.

16. Cousez un des boutons sur le côté de l'étui, enroulez l'élastique autour de l'étui et fermez-le en accrochant le deuxième bouton après le premier.

17. Recommencez avec le deuxième élastique.

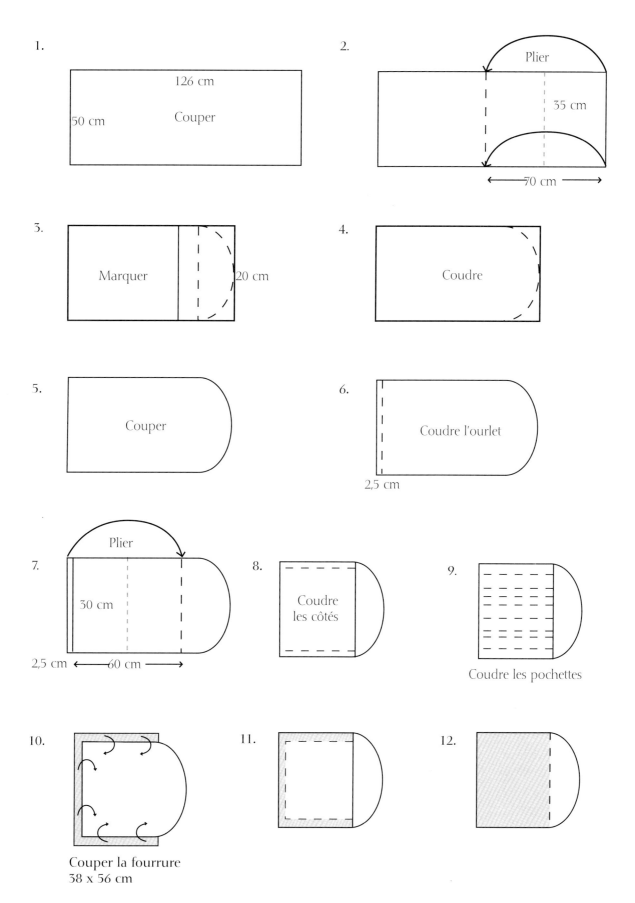

1.

126 cm

50 cm Couper

2.

Plier

35 cm

← 70 cm →

3.

Marquer 20 cm

4.

Coudre

5.

Couper

6.

Coudre l'ourlet

2,5 cm

7.

Plier

30 cm

2,5 cm ← 60 cm →

8.

Coudre
les côtés

9.

Coudre les pochettes

10.

Couper la fourrure
38 x 56 cm

11.

12.

20 erreurs à faire au moins une fois dans sa vie de tricoteuse

1. Tricoter une manche plus longue que l'autre.

2. Perdre une maille, qui file jusqu'en bas de l'ouvrage et commence inévitablement à se détricoter.

3. Tricoter une encolure trop petite pour pouvoir y passer la tête.

4. Tricoter une encolure si lâche qu'elle fait un décolleté osé.

5. Choisir un fil qui gratte tellement que le vêtement ne sera jamais porté ou que votre copain hésitera à vous prendre dans ses bras – un véritable tue l'amour !

6. Tricoter un modèle superbe et ne pas le coudre. Il finira dans le grenier où il fera la joie des mites et de plusieurs générations de souris.

7. Oublier de compter les mailles, et se retrouver avec une écharpe qui ressemble à un sablier.

8. Proposer à votre nouveau petit ami de lui tricoter quelque chose : il prendra peur devant une si grande marque d'attachement.

9. Essayer d'adapter un modèle alors que vous débutez à peine. Suivez les instructions, elles sont utiles !

10. Coudre les pièces à l'envers ou l'endroit d'une manche sur l'envers du corps.

11. Commencer un ouvrage pour un bébé, mettre dix-huit ans à le terminer et lui offrir au moment où l'enfant quitte le domicile familial.

12. Laver le vêtement dans de l'eau trop chaude qui fera rétrécir en un clin d'œil ce que vous avez mis dix ans à tricoter.

13. Tricoter un modèle sans prendre les mesures de la personne : oncle Charlie a toujours rêvé d'une robe en maille !

14. Tricoter un pull avec un renne ou un bonhomme de neige à votre homme pour Noël.

15. Laisser le chat s'installer sur vos genoux pendant que vous tricotez : vous aurez des poils partout sur votre ouvrage en cashmere.

16. Tricoter en jacquard, vous perdre dans la grille et obtenir un effet psychédélique assez intéressant.

17. S'inscrire à un groupe de tricot et passer plus de temps à défaire l'ouvrage qu'à le tricoter.

18. Tricoter vos mailles tellement serrées qu'elles restent collées à l'aiguille.

19. Tricoter un bikini et nager dedans (ça vous fera bien rire).

20. Montrer votre tricot à votre mère, ancienne féministe de la vieille école, qui croira que vous n'êtes pas solidaire avec les femmes.

Abréviations

aug. :	*augmenter, augmentation*	env. :	*envers*	rab. :	*rabattre*
derr. :	*derrière*	fs :	*fois*	rep. :	*reprendre, répéter*
dev. :	*devant*	m. :	*maille*	suiv. :	*suivant*
dim. :	*diminuer, diminution*	m. gliss. :	*maille glissée*	surj. :	*surjet*
endr. :	*endroit*	m. endr. :	*maille endroit*	tric. :	*tricotez*
ens. :	*ensemble*	m. env. :	*maille envers*	2 m. ens. :	*2 mailles ensemble*
		pt :	*point*		

Fournisseurs et adresses utiles

Bergère de France

55020 Bar-le-duc Cedex
adv@bergeredefrance.com

Catalogue en ligne
et adresses des boutiques
sur www.bergeredefrance.fr

Anny Blatt

rue de la Concorde
84107 orange Cedex
info@annyblatt.com

Catalogue en ligne
et adresses des boutiques
sur www.annyblatt.com

Phildar

15, avenue des Paraboles
59100 Roubaix Cedex 1

Catalogue en ligne
et adresses des boutiques
sur www.phildar.fr

Bouton d'or

rue de la Concorde
84107 orange Cedex

Catalogue en ligne
et adresses des boutiques
sur www.boutondor.com

Les sites internet...

www.ebay.com
www.laine-et-tricot.com
www.10pelotes.com
www.magasin-annyblatt-boutondor.com
www.tricotin.com

Index